TUOPIN GONGJIAN HENAN SHIJIAN

脱贫攻坚 河南实践

主编 魏剑

河南大学出版社
HENAN UNIVERSITY PRESS

·郑州·

图书在版编目（CIP）数据

脱贫攻坚　河南实践/魏剑主编 . -- 郑州：河南大学出版社，2020.12（2022.1 重印）
ISBN 978-7-5649-4504-6

Ⅰ.①脱… Ⅱ.①魏… Ⅲ.①扶贫—先进工作者—先进事迹—河南 Ⅳ.① K820.861

中国版本图书馆 CIP 数据核字 (2020) 第201022号

责任编辑　韩　璐　姜　畅
责任校对　刘利晓
封面设计　翟淼淼

出版发行	河南大学出版社
	地址：郑州市郑东新区商务外环中华大厦2401号
	邮编：450046
	电话：0371-86163953（数字出版部）
	0371-86059701（营销部）
	网址：hupress.henu.edu.cn
排　版	河南大学出版社设计排版部
印　刷	广东虎彩云印刷有限公司
版　次	2020年12月第1版　　印　次　2022年1月第3次印刷
开　本	710 mm×1010 mm 1/16　　印　张　11
字　数	152千字　　　　　　　　定　价　28.00元

（本书如有印装质量问题，请与河南大学出版社联系调换。）

前　　言

党的十八大以来，以习近平同志为核心的党中央把脱贫攻坚摆到了治国理政的突出位置，打响了一场声势浩大、力度空前、影响深远的脱贫攻坚战。在这场伟大战役中，河南省委、省政府坚持以习近平新时代中国特色社会主义思想为指导，把脱贫攻坚作为头号政治任务和第一民生工程，带领全省干部群众大力弘扬焦裕禄精神、红旗渠精神、愚公移山精神和大别山精神，齐心协力，攻坚克难，取得了决定性进展，积累了许多宝贵经验。

新一轮建档立卡之初，全省有53个贫困县，其中国定贫困县38个、省定贫困县15个；698万农村贫困人口，总量居全国第3位。经过不懈努力，目前我省53个贫困县全部实现脱贫摘帽，全省累计实现651.1万农村贫困人口脱贫、9484个贫困村退出，贫困发生率由2013年底的8.79%下降到2019年底的0.41%。我们距离消除绝对贫困、实现全面小康的宏伟目标更加接近了。

对于河南这样一个贫困规模位居全国第三的农业大省、人口大省来说，这些成绩来之不易，这是以习近平同志为核心的党中央坚强领导的结果，是省委、省政府带领全省干部、群众接续奋斗的结果，也是社会各界鼎力支持的结果，更是奋战在脱贫攻坚一线广大扶贫干部无私奉献、扎实工作的结果。

在这场脱贫攻坚战中，全省各地积极探索出了很多典型经验，为深入推进脱贫攻坚工作增添了动力、激发了活力，有效破解了各类难题，其中金融扶贫"卢氏模式"、贫困家庭重度残疾人集中托养"上蔡模式"、扶贫车间带贫模式、土地复垦券模式等河南经验引起全国各地关注。在脱贫攻坚战进程中，也涌现了一大批可歌可泣的先进典型，他们的事迹鼓舞着千万人在脱贫攻坚伟大事业中做出贡献。为巩固脱贫成果，增添发展后劲，弘扬先进人物可贵精神，讲好河南脱贫攻坚故事，记录决战决胜脱贫攻坚奋斗历程，进一步推动脱贫攻坚向纵深推进，《河南日报农村版》选编了《脱贫攻坚　河南实践》这本书。

《河南日报农村版》是我省唯一面向三农、面向基层的党报，多年来一直以权威性、可读性和贴近性联结城乡、服务"三农"。脱贫攻坚战打响以来，更是主动深入攻坚一线，采写了大量鲜活生动、富有感染力的稿件，记录了我省脱贫攻坚一步步扎实走过的不凡历程，见证了农民群众生产生活发生的巨大变化。

此次编辑出版的《脱贫攻坚　河南实践》，是《河南日报农村版》服务全省脱贫攻坚、讲述河南扶贫故事的又一力作。该书集中展现了我省脱贫攻坚工作取得的巨大成就，真实反映了基层广大扶贫干部用真心、带真情、扶真贫、真扶贫的无私奉献和农村贫困群众不等不靠、努力摘掉穷帽子的奋斗历程，这些不仅是我省基层广大干部群众脱贫攻坚工作的生动写照，也必将成为我省打赢脱贫攻坚战重要的历史印记。

当前，脱贫攻坚胜利在望，但巩固脱贫攻坚成果、有效防止返贫、建立解决相对贫困的长效机制仍是长期的任务。我们要持续汲取脱贫攻坚中的宝贵经验，继续发扬脱贫攻坚中形成的伟大精神，创造出更多的方法，使全省人民摆脱贫困，在全面建成小康社会的征程上不断取得新的业绩。

魏　剑
2020 年 4 月 22 日

目 录

奋力夺取脱贫攻坚全面胜利……………………………… 001
我省推介农业产业扶贫十大典型模式…………………… 005
教育金钥匙　打开脱贫门………………………………… 013
搬出深山幸福来…………………………………………… 017
中原沃土凤出彩…………………………………………… 019
沟域经济的洛阳实践……………………………………… 025
摆脱贫困，新乡先进群体的奋斗史……………………… 033
焦作的乡村路，真好！…………………………………… 039
开封高质量打好打赢脱贫攻坚战………………………… 045
南阳：群众腰包鼓了，居住环境美了…………………… 052
喜看兰考新变化"沙窝窝"变成"金窝窝"……………… 055
兰考：向着幸福奔跑……………………………………… 060
扶志扶智的新县脱贫样本………………………………… 064
看舞阳如何摘掉贫困帽…………………………………… 073
新蔡县脱贫啦……………………………………………… 077
为有金融活水来…………………………………………… 086
上蔡：托养中心为重度残疾人减负……………………… 091
太康县"五养模式"全覆盖　特困老人享晚年………… 094
宁陵县桃园关村：黄河故道新农村……………………… 097
宜阳县：让党旗飘扬在脱贫路上………………………… 099
滑县：精准脱贫同圆奔小康致富梦……………………… 105
祥符区：产业兴起来，农民富起来………………………　108

台前：苦干加巧干，脱贫后劲足 …………………………… 116
"精神扶贫"花开潢川 …………………………………………… 119
漯河市召陵区："三三制"夯基垒台，决胜脱贫攻坚 ………… 123
沁阳：实干苦干促脱贫 ………………………………………… 128
许昌市建安区：消费扶贫助增收 ……………………………… 131
杞县：拉长大蒜产业链，拓宽脱贫快速路 …………………… 133
郸城：念好"教育经"，播撒新希望 …………………………… 135
精神一振天地宽 ………………………………………………… 138
襄城：以创新担当破解脱贫攻坚难题 ………………………… 145
安阳县"点餐培训" ……………………………………………… 151
花椒山上花椒香 ………………………………………………… 153
裴寨村的三个夜晚 ……………………………………………… 159
汝州市朱沟村：省级贫困村的脱贫解困之路 ………………… 163
刘庄的脱贫故事 ………………………………………………… 167

奋力夺取脱贫攻坚全面胜利
——写在河南贫困县全部脱贫摘帽之际

□ 田明

2020年2月28日,省政府新闻办召开新闻发布会宣布,经省政府研究批准,计划于2019年退出的嵩县、卢氏县、淅川县等14个贫困县,正式脱贫摘帽。至此,我省53个贫困县全部实现脱贫摘帽。

全省累计实现651.1万农村贫困人口脱贫

新一轮建档立卡之初,全省有53个贫困县,其中国定贫困县38个、省定贫困县15个;698万农村贫困人口,贫困人口总量居全国第3位。2019年,全省实现68.7万农村贫困人口脱贫、1169个贫困村退出,分别完成年度计划的105.7%、116.9%。

省扶贫办党组书记、主任史秉锐表示,随着嵩县、汝阳县、鲁山县、范县、台前县、卢氏县、南召县、淅川县、社旗县、桐柏县、淮滨县、上蔡县、平舆县、确山县等14个贫困县退出贫困县序列,我省53个贫困县全部实现脱贫摘帽,退出贫困县序列。全省累计实现651.1万农村贫困人口脱贫、9484个贫困村退出,贫困发生率由2013年底的8.79%下降到2019年底的0.41%。

我省53个贫困县的全部脱贫摘帽,是我省脱贫攻坚战的一项重大成果,是我省脱贫历程上的一个重要历史节点，它标志着我省在实现习近平总书记提出的"确保到二〇二〇年我国现行标准下农村贫困人口实现脱贫，贫困县全部摘帽"这一战略指示上，取得了重大的胜利，我省由此进入了再无贫困县的新的发展阶段。

摘贫帽拔穷根　小康路上快步走

"感谢党的好政策，现在俺靠自己的双手劳动致富，踏实着哩！"2020年2月27日一早，刚搬完化肥的魏彦符又开始忙着侍弄地里的蔬菜。

魏彦符是临颍县陈庄乡陈庄村人，丈夫董小方患糖尿病，长期治疗花光了家里的储蓄。2016年底魏彦符家被认定为建档立卡贫困户。

"虽然扶贫政策好，但俺不能总是靠救济过日子。"2017年以来，两人种西瓜、蔬菜，魏彦符打理菜地，董小方负责销售，经过努力，2018年，魏彦符家顺利脱贫。

如今的陈庄村只是我省乡村翻天覆地变化的一个缩影。转移就业、产业扶贫、易地搬迁……全省各地一个个美丽的村庄，一张张幸福的笑脸，一幕幕奋斗的景象，无不展现出脱贫攻坚的显著成效。

洒汗水啃硬骨头　不获全胜不收兵

帮谁家收过麦子，为谁家送过面粉，调解过谁家的纠纷，又帮哪个贫困户上了新扶贫项目，被亲切地称呼为"小张"的西华县西华营镇李桥村第一书记张东，做的每件事村民们都看在眼里，记在心里。

驻村5年来，帮扶完成危房改造6户，打井5眼，为村里修好了宽4米、厚18厘米、长2400米的水泥路……为了抗击疫情，从大年初三就返岗的西华县李大庄乡李寨村第一书记张孟群多日来连轴转，2月28日忙完一天工作后，打开笔记本又记录起村里的点滴变化。

分发防疫物资，整理材料，2月28日，固始县赵岗乡窑北村第一书记蒋露忙完工作，刚倒的水还没来得及喝，电话又响了，便立刻开始排查起返村人员。

进入春耕生产、抗击疫情的关键时期，我省扶贫干部铆足劲头，冲在一线，目前全省有5.6万名第一书记、工作队员坚守在岗，全力抓好所在村疫情防控工作，及时掌握贫困户实际需求，开展针对性帮扶。

史秉锐说，回顾近几年脱贫攻坚进程，战斗在脱贫攻坚一线的广大扶贫干部，吃苦不叫苦，受累不怕累，作难不畏难，付出了大量心血和汗水，甚至献出了宝贵的生命。

据统计，脱贫攻坚战以来，全省有刘随伸、王林昶等38位扶贫干部牺牲在脱贫攻坚一线。他们用实际行动描绘了一幅幅务实为民的时代画卷。

变"漫灌"为"滴灌" 精准到户开良方

近年来，全国易地扶贫搬迁现场会、金融扶贫现场会、扶贫车间现场会等多场有影响力的会议先后在河南召开。金融扶贫"卢氏模式"、扶贫车间带贫模式在全国进行推广。稳定脱贫可持续发展"兰考模式"、贫困家庭重度残疾人集中托养"上蔡模式"、"互联网+分级诊疗+签约医生"健康扶贫"平舆模式"先后荣获全国脱贫攻坚奖组织创新奖。焦作市实行"两定制兜底线"，打造健康扶贫新模式和三门峡市建立"三项机制"，激活金融扶贫源头活水的做法，先后受到国务院通报表扬。

上下同心，土地生金。我省宅基地复垦券模式，用足用活城乡建设用地增减挂钩政策，全省累计交易宅基地复垦券13.88万亩，收益264.94亿元，为脱贫攻坚开辟了重要筹资渠道。贫困家庭重度残疾人集中托养"上蔡模式"，坚持县级统筹、乡村实施、部门联动、社会参与，利用敬老院、乡镇卫生院、福利院对失能贫困残疾人实行集中供养，全省由政府主导的集中托养机构288个，托养重度残疾人7166人。

创机制聚合力　确保脱贫成色足

2020年是脱贫攻坚全面收官之年，全省还有35万贫困人口、52个贫困村需要在年底前实现脱贫退出，这些剩余的贫困人口、贫困村数量虽不多，但都是难中之难、坚中之坚，是最难啃的硬骨头。

我省将聚焦重点区域和特困群体，对大别山革命老区等"三山一滩"深度贫困地区和特殊贫困群体实施集中攻坚。对未脱贫人口超过5000人的20个县市和未脱贫的52个贫困村，实行挂牌督战，确保任务落实。

对已经脱贫的县、村和农户，保持政策的连续性，做到投入不减、项目不少、政策不变、帮扶不撤。建立防返贫的长效机制，强化脱贫成效动态监管，对存在返贫、致贫风险的脱贫人口和边缘人口进行动态监测，尤其是对受疫情影响出现的返贫和新致贫农村贫困人口，应及时纳入帮扶范围，采取帮扶措施。

历史性地消灭绝对贫困，昂首迈进全面小康社会，河南信心十足，但还未竟全功。"目前还有35万贫困人口、52个贫困村没有脱贫退出，不获全胜我们决不收兵。"史秉锐说。

（原载于2020年3月2日《河南日报农村版》）

我省推介农业产业扶贫十大典型模式

□ 吴向辉

脱贫攻坚战打响以来，我省积极探索、创造性开展农业产业扶贫工作，涌现出了一批先进典型模式。日前，省农业农村厅下发通知，向全省推介农业产业扶贫十大典型模式，各地可根据产业发展实践情况，因地制宜吸收借鉴典型经验，积极探索农业产业扶贫的路径方法，不断提升农业产业扶贫质量，决战决胜脱贫攻坚。

据统计，截至2019年底，我省贫困地区发展农业特色产业71个，建设优势特色基地2721个，培育省级农业品牌164个。贫困地区培育农业省级以上龙头企业300家，农业产业化集群93个，带贫农民合作社1.02万家，组建2.8万人产业发展指导员队伍，4万家益农信息社线上线下销售农产品30.3亿元，优势特色农业带动贫困人口193万人。

一、洛宁县农业品牌扶贫模式

以打造全省重要的高效特色农业示范区为目标，洛宁县坚持推动农业供给侧结构性改革，大力实施质量兴农、绿色兴农、品牌强农战略，带动全县特色农业提质增效，农民持续增收，群众脱贫致富。

突出绿色兴农塑品牌。围绕"三品一标"品牌建设，在产业结构、产品品种、产地布局上突出重点，促进"三品一标"产业发展布局区域化、经营规模化、生产标准化、发展产业化。

注重宣传推介强品牌。通过举办节会推介洛宁品牌；组织企业参加展会，不断扩大农产品品牌知名度；通过电商和品牌直销店，线上线下同步经营，不断拓展名优农产品品牌影响力。

健全质量体系促效益。健全覆盖全县城乡农产品质量追溯管控、质量安全标准化、投入品控制等七大体系，确保农产品质量安全，发挥品牌更大效益。

突出品牌扶贫强带动。以"一村一特一品一主体"为抓手，以"政府＋农产品地理标志＋贫困户""企业＋三品＋贫困户"等带贫模式为纽带，构建贫困户与新型农业经营主体间的利益联结机制。全县84家企业获得农产品质量品牌认证，2个农产品获得农业部地理标志登记，建成63个品牌专业村，21个贫困村、1.36万名贫困群众通过品牌带动走上脱贫致富路。

二、叶县集体经济联村共建扶贫模式

按照党建引领、联村共建、财政倾斜、金融服务、保险托底、廉情监督的方针，叶县不断探索发展壮大村级集体经济的有效途径，带动贫困群众走上小康路。

近年来，叶县坚持把加强基层组织建设放在农村经济社会发展各项工作的首位，实施乡村干部素质提升工程，培养一批对党忠诚、干净正派、务实重干的村党组织带头人，为发展村级集体经济提供人才支撑和组织保障。

筛选战斗力强、综合实力强、辐射带动能力强的村党组织，与贫困村、薄弱村党组织结成对子抱团发展。

通过阳光增收、集体经济标准化厂房、互助资金管理、循环农业、股份合作、企地联营、抱团发展、能人带动、金融扶贫九种措施夯实产业根基，村级集体扶贫带贫能力持续提升。

健全财政及金融管理机制,科学布局,集中力量发展主导产业;推行"三资"委托代理服务,加强对村(股份)经济的财务审计监管,实行财务公开;建立廉情监督网,将村集体资产收支"晒"在阳光下,有效预防村级腐败发生。

目前全县554个行政村(含123个贫困村)村村都有集体经济收入,120个村级光伏电站、148个村级标准化厂房、170个村级互助社和村集体自主经营项目有序运转。

三、内黄县四个平台促产业提升扶贫模式

内黄县设施蔬菜种植规模居全省前列。近年来,当地通过加强平台建设规范农产品原产地管理、销售,助力蔬菜产业做大做强,带动贫困群众脱贫致富。

瞄准短板建设四个平台。先后投资20亿元打造果蔬交易平台,投资5亿元建设技术推广平台,投资2000万元建设农产品质量检测追溯平台,投资6000万元建成电商销售平台,内黄县蔬菜原产地质量管理水平及交易能力大大增强。

该县出台了一系列措施,引导涉农龙头企业、合作社等主动参与扶贫产业发展,通过带贫服务模式、资金入股模式、土地入股模式、就业带动模式帮扶贫困群众发展,通过政策奖补措施巩固强化带贫主体与贫困户之间的利益联结。

该县蔬菜总面积达到63.8万亩,总产量269万吨,总产值40亿元。其中温棚设施总面积达到20.7万亩,总产量193万吨,总产值34.7亿元。通过带贫服务、资金入股、土地入股模式,蔬菜产业累计带动贫困户4398户增收,直接吸纳贫困群众689人就业,帮助当地农民人均增收达6000元以上。

四、清丰县党建引领产业发展扶贫模式

近年来,清丰县积极推动产业结构调整,组织动员全县力量发展食用菌生产加工,先后建成食用菌示范基地 70 个,标准大棚 1.2 万座,种植面积达 1500 万平方米,年出菇量 20 万吨,辐射带动 1.5 万贫困人口稳定增收。

实施"3333"工程,构建 3 大链条(产业链、循环链、价值链),培育 3 大集群(食用菌规模种植基地群、工厂化生产集群、食用菌加工集群),建设 3 大中心(技术创新中心、交易物流中心、会展交流中心),搭建 3 大平台(食用菌产业管理物联网云平台、产品质量控制平台及农业农村电商平台)。

建立"三级书记"微信群推动工作开展,县长当"园长",乡长包基地,支书包大棚,党员做示范,实行一线工作法推动政策措施落实。

创新菇农利益链接模式与园区内的贫困户有效衔接,1200 户贫困户"包棚创业",1050 户贫困户"劳务承包",3700 户贫困户"菌棒托管",5000 户贫困户"基地务工"。

设立食用菌产业发展风险基金,帮助企业和种植户抗御因自然灾害、市场波动等原因造成的产业发展风险,让贫困户吃上产业发展的定心丸。

五、南召县示范基地辐射扶贫模式

近年来,南召县通过加大政策扶持,培育龙头企业,壮大产业基地,做大做强中药材产业,助力脱贫攻坚,取得了显著成效。

该县制定下发《中药材"三个十"扶贫行动计划》《中药材产业扶贫实施方案》等文件,制定了《南召县中药材产业发展规划(2020—2025)》,对中药材发展方向、发展方式、扶贫途径等提出了详细的要求。

以创建南召十大中药材基地为抓手,采取"公司+基地+技术+农户"

的经营模式，辐射带动周边，实施规模化种植、区域抱团发展。全县中药材种植面积以每年 2 万亩的速度增长，总面积达 52 万亩，年产值达 3 亿多元。

龙头带动提升产业扶贫效益。一方面通过支持企业科技创新和技术改进，提升龙头企业自身发展能力；另一方面不断创新带贫模式，采取流转管护、基地务工、创新入股分红、壮大村集体经济等形式，带动贫困户发展。全县中药材加工企业 9 家、中药材专业合作社 110 家、从事中药材种植加工的新型经营主体 215 个，组成一条完整的产业链，2600 户贫困户嵌在产业链上发展，年户均增收 3000 元以上。

六、内乡县牧原集团"5+"扶贫模式

牧原集团携手内乡县委县政府、国开行河南省分行，探索实施了"县委政府＋金融机构＋龙头企业＋贫困户＋合作社"的"5+"资产收益扶贫模式。该模式率先在内乡落地后，快速复制到全国 12 省 39 县，帮扶建档立卡贫困户 12 万户 32 万人，累计为贫困户分配收益 3.15 亿元。

"5+"扶贫模式由县委县政府主导，组织贫困户成立聚爱合作社，由国开行、农商行等金融机构根据国家政策向合作社发放扶贫贷款，合作社根据牧原集团设计要求建设现代化猪舍，再租赁给牧原集团，确保每户每年获得稳定收益。"5+"扶贫模式以牧原集团为依托，可以保证这种帮扶模式长期持续，贫困群众拥有稳定收益；该模式在当地培育一个优质企业，带动上下游产业发展，实现了多方共赢。

多途径优先吸纳、培训建档立卡贫困户，帮助他们在养猪产业链上就业增收。在牧原集团内部，对有正常劳动能力的贫困户直接培训安排就业，对劳动能力弱的贫困户，优先安排在企业公益性岗位就业。目前，已吸纳建档立卡贫困户 1271 人。20 个扶贫车间吸纳包括贫困户在内的 522 人就业。

七、睢县田间学校科技兴农扶贫模式

近年来,睢县以农民教育培训为抓手,充分利用农民田间学校贴近农村、贴近农民、贴近产业的优势,积极探索农民田间学校助力产业脱贫模式,帮扶全县 118 个贫困村、28412 户、88953 名贫困人口脱贫。

该县围绕东南西北 4 条精品产业带,建设农民田间学校 40 所。遴选 20 多名专兼职教师成立脱贫攻坚特色产业专家服务团。

以芦笋、草莓、食用菌等产业链上的农民田间学校为基础,成立县农民田间学校联盟,聚合龙头企业、合作社、基层农广校、农业技术推广专家团队等多方面力量开展产业链上的技术帮扶,使技术推广与产业发展紧密衔接。贫困户学习积极性高,融入产业发展能力明显增强。

推进政策扶持与教育培训相衔接、技术指导与产业落地相结合,围绕扶贫产业开展培训,在生产实践中对受训学员考察考核,对生产技术、经营能力达到要求的贫困户,落实相应政策扶持措施支持其发展产业。贫困户学员通过在农民田间学校的学习,与帮扶对象结成了紧密的产业发展对子,学到了一技之长,看到了脱贫的希望,自觉坚定了走产业致富道路的信心。

八、潢川县稻鱼共作扶贫模式

2016 年以来,潢川县以脱贫攻坚为统揽,充分利用水产资源优势,大力推行以"稻虾共作"为主要模式的稻鱼综合种养产业,取得了良好的生态效益、经济效益和社会效益。全县贫困户 9300 余户,养殖小龙虾 8.9 万余亩,跟随产业发展一起走上了脱贫致富路。

该县成立了小龙虾产业发展领导小组,在全县大张旗鼓发展小龙虾产业。出台政策对"稻虾共作"连片养殖户给予奖励,对贫困户养殖每亩给予 60 元补助;为小龙虾综合种养的企业、合作社、加工厂、交易市场提供贷款担保。确保贫困户稻虾种养每亩纯收入达 1000 元以上，县财政分别给予企业（合作社）和贫困户每亩各 100 元的一次性补助。政策引导不但促进了产业发展，也动员更多的合作社、龙头企业与贫困户一起结对发展，将贫困户有效地吸引、绑定到产业链中。

多措并举，扶持大户做强，引导散户做大，带动新户（贫困户）做好，扩大产业发展规模；以"稻虾共作"推进现代农业，以精深加工延伸产业链条，以完善体系促进产业发展，深化一、二、三产业融合，提升产业规范化发展水平。

九、泌阳县草畜融合发展扶贫模式

泌阳县抓住夏南牛特色品牌优势和当地丰富的农作物秸秆资源，念"牛"字经，做"牛"文章，带动、帮扶全县 31 个贫困村、1.474 万名群众挖穷根儿，有力推动当地经济社会持续健康发展。

以创建泌阳县国家现代农业产业园为抓手，充分利用秸秆资源优势，推动夏南牛产业扶贫工作向纵深开展。全县建成 232 个夏南牛养殖基地，出栏 100 头以上的肉牛规模养殖场达到 183 个，国家级标准化示范场 5 个，省级示范场 3 个。与 16494 户、34550 名贫困群众建立了帮扶关系，实现了产业扶贫全覆盖。

落实特色产业扶持政策保障脱贫攻坚持续推进。制定了一系列政策打通精准扶贫"最后一公里"。吸引带动 6000 多户建档立卡贫困户通过产业直补模式发展夏南牛养殖项目。

采取代种代养、入股分红、吸纳就业等方式，引导贫困户与企业（合作社）组成利益共同体。深入开展百企帮百村行动，33 家肉牛养殖企业为贫困户提供产业发展资金近 5000 万元。

组织专家讲师团，围绕夏南牛养殖业深入乡镇巡回开展面向贫困户的养殖技术培训。保证贫困户每个家庭至少有一人熟练掌握养殖技术,真正实现培训一人、就业一人、脱贫一户的目标。

十、正阳县现代农业产业园带贫模式

近年来,正阳县以花生产业为主导,不断壮大规模、叫响品牌,通过延伸产业链条,使花生产业成为脱贫的一大支柱,全县花生种植面积发展到172万亩,种植花生的农民达58万人。产业链年吸纳贫困人口1万多名,占全县建档立卡贫困户的85%以上。

该县坚持规模种植上着力,国家现代农业产业园种植花生17万亩,采取"六统一"模式,辐射带动全县85%的农村人口从事花生产业相关工作,花生种植面积达到170多万亩,实现农民人均种植花生收入3550元;依托农业现代产业园三产融合、龙头带动发展花生食用油、花生乳制饮品、花生食品加工产业,实现花生就地加工转化,提质增效。

发挥园区的转移就业承接功能,给予资金、政策和技术支持。对园区内的农业企业、经营主体给予金融带贫扶持;完善产业园基础设施,在园区内统筹布局种植、加工、研发、检测、物流、综合服务六大功能板块,设立专家委员会、花生协会和花生产业联盟,为园内企业提供全程"保姆式"服务,孵化各项相关产业。

该县凭借国家级农业现代产业园金字招牌引进了维维粮油、鲁花集团等8家知名规模企业落户;依托扶贫协会带动,聚集全县400余家家庭农场、合作社,成立正阳县花生产业助推精准扶贫协会,带动贫困户增收致富。

(原载于2020年3月24日《河南日报农村版》)

教育金钥匙　打开脱贫门

□ 田明

"轩梦晴，快来，看看我给你带什么好东西了！"2019年4月16日下午放学后，漯河市临颍县王孟镇前杨村小学老师罗淑晴刚进屋就把轩梦晴招呼到身边，把一整套儿童读本交到她手中。"上次我在一对一结对帮扶过程中发现梦晴很喜欢听故事，所以用这样的方式鼓励她，希望通过这些课外读物扩充孩子的知识面。"罗老师笑着告诉记者。这是临颍县教育扶贫确保一人不漏工作当中的一个缩影。

"要不是靠着党和政府的扶贫好政策，俺真不知道日子怎么挺过去！"聊着聊着，前杨村建档立卡贫困户李俊霞打开了话匣子。几年前，尽管贫穷，李俊霞一家4口仍过得其乐融融。然而在2014年，不幸光顾了这个家庭，丈夫离世，家里的顶梁柱倒了，坚强的李俊霞一肩挑起了家庭重担。

"本想着家里两个孩子的书是没法读下去了，没想到赶上好的教育扶贫政策！"李俊霞说，儿子轩永航考上西安高校后，忙着四处借钱筹学费的母子抱着试试看的心态来到临颍县教体局资助中心办理贷款手续，没想到一下申请到了8000元，解了燃眉之急。"不仅免学费，俺家上小学的小妞梦晴每年还有800元的营养膳食补助呢！如今俺又在村里有了清洁工的工作，活不重，每月能领500元！"

用"教育之匙" 打开农村脱贫大门

精准资助、扶贫扶智、阻断贫困代际传递……如今,前杨村只是我省教育扶贫翻天覆地变化的一个缩影。全省各地一个个美丽的乡村校园,一张张幸福的笑脸,无不折射着教育扶贫的显著成效。

硕果累累,捷报频传。2018年,我省进一步完善学生资助政策:将接受普惠性学前教育的家庭经济困难儿童(含建档立卡家庭儿童、低保家庭儿童、特困救助供养儿童等)、孤儿、残疾儿童全部纳入资助范围;勤工助学酬金标准由过去的每小时不低于8元提高至12元;建档立卡贫困家庭学生国家助学贷款申请额度提高到每生每年8000元;在义务教育、中等职业教育和普通高中阶段,将学生资助资金纳入省与市县共同财政事权范围,进一步加大省级财政资金分担比例。

目前,国家及我省已建立起了政府主导、学校和社会积极参与的覆盖学前教育至研究生教育的学生资助政策体系,实现了"三个全覆盖",即各个学段全覆盖、公办民办学校全覆盖、家庭经济困难学生全覆盖。特别是在高等教育阶段,实现了"三不愁",即入学前不用愁、入学时不用愁、入学后不用愁。

真扶贫,扶真贫,还要政策帮。2018年,我省围绕保障学业狠抓《河南省教育脱贫专项方案》的落实,精准认定建档立卡等特困群体,确保建档立卡贫困家庭学生和家长对资助政策和受助情况尽人皆知。全年共落实各级各类建档立卡贫困家庭学生资助资金17.64亿元,资助学生321.01万人次,较好地发挥了学生资助助力脱贫攻坚的重要基础作用。

扶智先扶志 斩断贫困根

"助学贷款对俺来说真是雪中送炭!"2019年4月18日,河南农业职业学院电子商务专业大三学生白丽上完一天的辅导课,简单吃点晚饭,就继续投入到专升本考试的复习中。

白丽来自睢县,家里是建档立卡贫困户,平时妈妈在家种几亩田地、操持家务,爸爸在外地打工。早年间由于奶奶生病加上学开销,欠了不少外债。要强的白丽从大一下学期就不再从家里拿学费、生活费了。

"本来能有更多额度贷款,俺寻思着靠平时打工能解决一些生活费,这样就有动力靠自己的双手去挣钱,既能接触社会也能锻炼自己,就申请贷了3700元,刚好够学费。"打过散工,当过超市收银,发过传单……不和同学比吃穿,白丽不仅靠双手减轻了家里的负担,还获得了国家励志奖学金,被评为了优秀团员。"去年7月到上海实习半年,现在回校好好复习冲刺,专升本争取考一个理想的大学!准备把平时打工、实习攒的钱升学后交学费用,不向家里伸手!"谈及今后的打算,白丽信心满满。

如今像白丽一样,我省千千万万个贫困学子依靠国家助学贷款完成学业,顺利就业。

为确保教育扶贫无死角,2018年,我省进一步完善高校国家助学贷款和生源地信用助学贷款两种模式并行、"双轮驱动"工作机制,确保国家助学贷款政策全覆盖和"应贷尽贷",发放国家助学贷款35.33亿元,资助家庭经济困难学生52.82万人。自2005年国家助学贷款"河南模式"建立以来,累计发放国家助学贷款182.25亿元,资助学生297.58万人次,占全国十分之一。至2018年底,全省国家助学贷款到期本金52.23亿元,违约率仅为0.82%,远低于我省确定的14%至15%的风险补偿金比例。

聚力构建教育扶贫大格局

"扶贫先扶智,只有从源头上斩断贫困根,才能真正阻断贫困代际传递。同时通过教育资源的不断投入,才能激发农村贫困群众的内生动力。教育是真正阻断贫困代际传递的治本之策！"省教育厅党组书记、厅长郑邦山一针见血指出了教育扶贫的作用。

近年来，我省学生资助资金投入和资助人数进一步增长。仅2018年，全省累计资助学前教育、义务教育、中职学校、普通高中和普通高校学生1644.26万人次（不包括义务教育免除学杂费和免费教科书），比上年增加403.96万人次；资助金额138.53亿元，比上年增加19.05亿元，增幅15.94%。2018年秋季学期，通过"绿色通道"入学的家庭经济困难学生13.87万人，约占当年报到新生总人数（招生70.57万人）的19.65%。

"下一步，我省将加快实施教育扶贫工程，聚焦深度贫困县和2019年我省14个脱贫摘帽贫困县，存量资金优先保障，增量资金更多倾斜。完善义务教育综合控辍保学工作机制，确保贫困家庭子女接受义务教育。深入实施贫困地区农村义务教育学生营养改善计划，进一步扩大实施范围。完善精准资助体系，实施覆盖全学段的资助政策，切实保障建档立卡家庭学生顺利就学，不因家庭贫困失学或辍学……"谈及今年我省教育扶贫工作规划时，省教育厅党组书记、厅长郑邦山信心十足，掷地有声。

时不我待，只争朝夕。脱贫攻坚奔小康的道路上，河南扬着斗志，挥洒着汗水，啃下一块块教育脱贫硬骨头，坚决打好打赢教育脱贫攻坚战。全省教育系统干部上下信念坚定：小康路上不让一个学生因家庭经济困难而失学！

（原载于2019年4月25日《河南日报农村版》）

搬出深山幸福来

□ 焦莫寒

在洛阳市新安县青要山镇福苑社区，崭新的安置房整齐错落。搬进新天地，迁出好日子，是福苑社区居民们的真实写照，这样的改变在洛阳随处可见。

洛阳地处豫西山区，山密沟深，人居分散，十年九旱，土地贫瘠，是河南省扶贫开发重点地区和革命老区全覆盖地区，44.5万建档立卡贫困人口中，有5.95万人居住在"一方水土养不起一方人"的山区丘陵，占到全省易地扶贫搬迁人数的23%。洛阳结合实际，目前已完成"十三五"期间5.95万名建档立卡贫困群众的搬迁任务，真正让贫困群众实现搬得出、稳得住、能致富、生活好的目标。

易地扶贫搬迁，开启美好生活，我省已累计有超过22万建档立卡贫困人口搬离大山沟，住进崭新整洁的新房子，日子越过越舒心。国务院督查激励全国易地扶贫搬迁工作，河南是全国唯一连续两年受到国务院激励的省份，这里面的秘诀在于探索走出了一条搬得出、稳得住、能致富、生活好的新路子，不仅迁出深山，后续的脱贫发展也步步不落，初步实现"两不愁三保障"。

"搬来新房子，女儿也就能在新学校上学了，再也不用走十几里路去上学了！"鲁山县团城乡和谐幸福家园社区的搬迁户王公四说，以前住在偏远山沟沟里，女儿上学是个大难题，自从搬到安置社区后，学校就在附近，上学再也不是难事。

围绕易地扶贫搬迁"5个有"的具体要求，探索搬迁安置点基本公共服务建设也成了易地扶贫工作的重点。不仅要"搬得出"，更要"稳得住"，重点围绕保障群众基本权益、完善公共教育服务、完善公共医疗卫生、完善社会保障、完善社区综合服务设施建设等开展后续扶持工作，让群众真正过上幸福日子。

安居之后，乐业也很重要。初夏时节，天气已经热了起来，淅川县光明社区的扶贫车间更是热闹非凡。把扶贫车间建到安置小区旁边，村民不出村，就能实现脱贫致富的愿望。南阳市"十三五"期间计划实施易地扶贫搬迁安置14 083户48 848人，按照"5个1"专项行动工作要求，立足自身产业优势，因户施策，因人施策，大力促进搬迁群众就业，在已建成的规模以上集中安置点围绕切纸加工、畜牧养殖、轻工产品加工等产业，共建设扶贫车间168个，吸纳5311人在家门口稳定就业，搬迁贫困户实现了"打工不离家，还能哄娃娃"的美好愿望。

搬迁只是手段，只有在易地扶贫搬迁后续扶持上下足"绣花"功夫，才能实现群众脱贫致富的梦想，才能真正实现乡村振兴。

（原载于2019年6月3日《河南日报农村版》）

中原沃土凤出彩

——河南省实施"巧媳妇"工程助力脱贫攻坚和乡村振兴工作纪实

□ 张舒娜

2018年11月22日,固始县产业集聚区利来针织有限公司的就业扶贫车间内,机器轰鸣,女工们在各自的岗位上忙碌着。

"在这里,忙的时候能挣五六千元!家里孩子都上着学,能缓解不少!"36岁的冯梅负责最后的包装,14秒间,垫板、翻衣、压平,她快速叠装好了一件成衣,极为利落,说话间也没停下手里的活儿。利来针织有限公司董事长郑昌华介绍,冯梅是他们车间的"劳动模范""工作标兵",但和车间里其他女工一样,冯梅和她们有一个共同的称呼——"巧媳妇"。

筑巢引凤:居家就业解烦忧

"下班回家",简单的四个字却成了很多农村女性难以实现的愿望,折射出她们所处的窘境——外出打工,面对的便是离家千里、家人分离的现实;留守在家,面对的却是正值壮年却无奈赋闲在家的问题。家里上有老、下有小的现实情况让更多农村女性无奈选择了留守在家。

2013年,党的十八届三中全会通过的《中共中央关于全面深化改革若干重大问题的决定》明确提出:"健全农村留守儿童、妇女、老年人关爱服务体系,健全残疾人权益保障、困境儿童分类保障制度。"河南省"巧媳妇"工程便在探索解决农村留守妇女问题中启航。

"巧媳妇"工程是省妇联倡导实施的一项惠民工程，旨在把农村留守妇女这一庞大的闲置劳动力资源，转化为承接产业转移的有效资源，在县、乡、村开办加工企业及人才培训基地，把生产车间搬进村、开进家，让农村妇女在家门口实现就业。

2016年初，河南省"巧媳妇"工程火热展开，在省妇联和省扶贫办的号召下，"巧媳妇"创业就业工程企业和项目点如雨后春笋般涌现。近三年来，省妇联、省扶贫办联合认定命名河南省"巧媳妇"创业就业工程示范基地340个，县以上妇联组织认定命名"巧媳妇"创业就业工程示范基地6351个。

各类加工基地、专业合作社就建在家门口，巢已筑好，便等凤来。没有了外出打工无法照顾家庭的顾虑，成千上万的"母亲""女儿"从此便有了"巧媳妇"的头衔。

2018年11月4日，在灵宝市"巧媳妇"基地——昌盛菌业有限公司，总经理南俊峰从北京参加完中国妇女第十二次全国代表大会载誉归来。昌盛菌业有限公司目前采取"公司+基地+农户"的生产经营模式，已解决周边农村富余劳动力800余人就业，其中90%为妇女。

"在昌盛菌业有限公司，从70岁的老奶奶，到40岁的留守妇女，再到20岁的小伙子、小姑娘，都有活儿干。很多外出打工的也不再外出了，直接在家门口就业。"南俊峰说。

三年间，中原筑巢引凤，越来越多的农村妇女在家门口便有了工作。截至2018年6月底，全省已建成"巧媳妇"创业就业工程企业和项目点3.6万多个，带动100多万名农村妇女就近居家灵活就业，其中建档立卡贫困妇女12万余人。

"巧媳妇"工程成功地活化了农村留守妇女这一群体，实现了从帮扶对象到重要力量的转变，从家庭角色到社会角色的跨越。人们称赞"巧媳妇"

工程留住了妈、守住了娃、顾住了家，"巧媳妇"成了农村妇女津津乐道的谈资，也成了河南省妇女工作和脱贫攻坚工作一张亮丽的名片。

群凤争鸣：因地制宜齐出彩

滑县金泰制衣有限公司里，缝纫机规律地作响，银针飞舞间，"巧媳妇"缝制出件件新衣；新郑市辛店镇黄岗村，"巧媳妇"们种植、养殖如火如荼，鸡鸭成群，核桃、黄秋葵、苜蓿长势喜人……

河南省"巧媳妇"创业就业工程实施三年来，中原大地群凤齐鸣，农村贫困妇女的面貌发生了巨大改变。

经过三年的发展，河南省"巧媳妇"创业就业工程实现了三个跃进：由妇联倡导到形成妇联倡导、党政支持、部门协同、行业促进、群众参与、市场导向的工作机制；由帮助妇女就业脱贫向促进农村产业兴旺延伸；由集中在贫困乡村向众多乡村区域发展。

"原来靠丈夫一个人外出挣钱养家，现在自己到服装加工厂上班，在家门口挣钱，又能照顾老人和孩子，特别感谢'巧媳妇'工程！"2018年10月25日，滑县王庄乡龙村村民李倩戴着口罩坐在缝纫机前，巧手穿针引线。家有六口人的她，成了带领全家脱贫的新力量。

遇上了沿海产业转移特别是订单转移的大好机遇，在河南省服装行业协会的推动下，李倩所在的服装服饰加工业成为最初"巧媳妇"工程的原动力。

省妇联与省服装行业协会连续三年举办服装行业"巧媳妇"精准扶贫对接会和论坛，推动服装企业下沉产能到贫困乡村兴办加工点。仅河南中蔼万家服装公司就在兰考等13个县（市、区）通过"中心工厂+卫星工厂"模式兴办服装加工企业214个，吸纳妇女1.5万多人就业，其中建档立卡贫困妇女4581人。

从"筑巢引凤"到"育凤出巢",最后"群凤齐鸣","巧媳妇"工程覆盖的领域在三年间不断扩展,一些县(市、区)把"巧媳妇"工程作为产业扶贫主要抓手。目前,全省"巧媳妇"工程已涵盖服装服饰、手工制品、种植养殖、农产品电商、乡村旅游(农家乐)等诸多领域。

育凤护巢:妇联当好"娘家人"

"妇联在您身边,服务随时相伴。"各级妇联为实施"巧媳妇"工程牵线搭桥。河南省"巧媳妇"创业就业工程实施的三年,是农村妇女幸福感倍增的三年,也是各级妇联组织深化改革、活跃基层的三年。

"巧媳妇"们走进工厂,工厂寻来"巧媳妇",其中牵线搭桥之人不可或缺,各级妇联首先便承担着这样的角色。

省妇联先后举办培训会、项目对接、经验交流活动,各级妇联也层层召开推进会、现场会、经验交流活动,组织项目观摩、对接活动等,省、市、县、乡、村五级妇联组织联动发力,帮助"巧媳妇"找企业,帮助企业找"巧媳妇"。

在商水县,众多企业在县政府、县妇联的支持下,走上了"公司+订单+定点+农户"的加工经营模式,产能大大提高。目前,商水县大约20万名留守妇女中,已有10多万人实现了家门口就业,年创产值约30亿元。

筑巢引路必不可少,细微之处更见真情。卷席之势非一呼百应之简单,数字背后是各级妇联人员敲响的一扇扇门、迈过的一次次门槛。"巧媳妇"工程强调靶向服务,除打造"一村一品、一乡一业"外,也要在入户调查中根据农户家庭具体条件,为其选择合适的就业渠道。

"巧媳妇"工程聚集并活化了中原沃土上的女性力量,基于此,各级妇联开展了一系列活动助推"巧媳妇"工程。睢县妇联利用企业入驻扶贫车间女性比较集中的优势,开展了"最美家庭""环境卫士"等评选活动,设立了积分换物的心连心社会扶贫超市,同时还成立了基层巾帼宣传文艺队。目前,睢县建立"巧媳妇"工程示范点88个,组织各类腰鼓队、宣传队活动及妇女广场舞比赛等225场次。

如今,有"巧媳妇"示范基地的地方便有农村妇女工作的阵地。"巧媳妇"们有了身边的妇联,在就业的同时,她们能够在身边的"妇女之家"或妇女发展小组学到政策法规、婚姻家庭等知识;拿起手机,还有"指尖上的妇联""中原女性之声"等118个微信公众号组成的省、市、县三级妇联微信矩阵时时为农村妇女提供家教、维权等各类服务信息。"巧媳妇"们有了依靠,"娘家人"也更有活力、影响力和感召力。

振羽向阳:三年提升更奋进

2018年11月20日至23日,全国人大常委会副委员长、全国妇联主席沈跃跃赴郑州、驻马店等地深入农村、社区调研。

来到平舆县万家镇郭寺村,看到村里的贫困妇女在"巧媳妇"工程的带动下,在藤编厂实现了家门口就业,沈跃跃说,确保如期脱贫是全面建成小康社会的底线任务,妇女是脱贫攻坚的重要力量。妇联组织要围绕中心任务,抓住服务大局、服务妇女的切入点,继续做实做好"巧媳妇"这一品牌,鼓励妇女靠自己的劳动脱贫致富,创造美好生活。

2018年11月,省妇联印发《河南省"巧媳妇"创业就业工程提档升级三年行动计划(2019—2021年)》,未来三年,"巧媳妇"工程将促进农村妇女创业就业与思想素质提升的深度融合,建设农村妇女工作阵地,满足全省农村妇女创业就业和创造美好生活的目标。

未来三年,就业仍是主旋律。"巧媳妇"工程将继续扩面增容,因地制宜深入挖掘各地资源和产业优势,深入发掘企业和致富能人,把适合妇女居家就业的项目全部纳入"巧媳妇"工程。

2018年11月25日，鲁山县美伦饰品商贸有限公司总经理程建军在张官营镇李柴庄村加工厂内，和女工们谈到了未来，她说，电商领域便是美伦今后进军的方向。"我们想建立小饰品仓储基地，为电商从业者、饰品经销商、分散零售群体搭建一流的供货平台，这样完善了产品供应链，就能带动更多贫困户姐妹参与生产。"对此，程建军信心满满。

扶贫亦扶志，"巧"定是更有深度的"巧"。习近平总书记曾指出："实施乡村振兴战略不能光看农民口袋里票子有多少，更要看农民精神风貌怎么样。""美丽庭院"行动和"巧媳妇"工程共生共长，妇女们在工厂里勤工忙致富，在小院里赏景唠家常。走入乡村，推窗见绿、抬头赏景、起步闻香逐渐成为标配，家和、院净、人美的观念亦深植广大人民心中。

2018年11月28日，在中原女性大讲堂·宋都讲堂，学习宣传贯彻习近平总书记重要讲话精神和中国妇女十二大精神宣讲会走进"巧媳妇"示范基地，中国妇女十二大代表郭建华和姐妹们围坐在一起，谈心交流，共同学习中国妇女十二大精神。未来三年，每一个"巧媳妇"工程基地都将建成妇联工作阵地，"巧媳妇"将被打造为提升妇女素质的一个重要平台。

"巧媳妇"工程扶贫的奇迹不是神话，而是事实。中原大地上，从农村妇女到各级妇联，群凤出彩，盘舞三年，将继续向阳飞翔。

（原载于2019年1月14日《河南日报农村版》）

沟域经济的洛阳实践

□ 魏剑　黄红立

豫西山区栾川县有一道普普通通的山沟。

这里过去很穷。从山谷口至山巅南北绵延近20公里，落差超过千米。沿沟由外至内点缀着杨树坪、龙潭和观星3个小山村，栾川县杨树坪村所在位置海拔1509米，是我省海拔最高的村。长期以来，"男孩成年招下山，姑娘长大嫁下山，老头老太困在山"是杨树坪村的真实写照。

这里现在很富。经过山、水、林、田、路、村和产业整体开发，这个森林覆盖率达90%的山沟沟成了一个宜居宜游的美丽乡村。目前，该区域有家庭宾馆60余家，旅游综合年收入3600多万元，沟域年总产值5000多万元。这道当地村民昔日眼中的穷山沟，如今成了人人称羡的"金银川"。

这道沟就是栾川县石庙镇七姑沟，七姑沟能够破茧成蝶，源于沟域经济。

沟域经济是洛阳破解丘陵山区发展，推动脱贫攻坚、乡村振兴，促进农业农村深度变革的一种新模式。

"十三五"以来，洛阳市深入贯彻落实新发展理念，聚焦聚力脱贫攻坚，实施乡村振兴战略，利用"五山四岭一分川"的地形地貌，因地制宜提出了"发展山区特色产业，建设豫西沟域经济示范区"重大专项，聚焦豫西山区农村独特优势，依托山、水、林、田、路、村和产业，统筹规划布局，以"相融"理念，实现农业增效、农民增收、农村增绿。

省委常委、洛阳市委书记李亚说："发展沟域经济是全市当前和今后一个时期农业农村工作的一个主攻方向,是促进农业农村深度变革、打赢脱贫攻坚战的有力抓手,更是加强生态建设、发展主导产业、增加农民收入、实现群众脱贫致富、推动乡村振兴、全面建成小康社会的迫切要求。"

因地制宜　新思路破解老难题

洛阳地处豫西,是我省扶贫开发重点地区和革命老区全覆盖地区,有5个国家扶贫开发工作重点县,1个省定扶贫开发工作重点县,669个贫困村,31.67万贫困人口。

十年九旱的气候特征、"五山四岭一分川"的地形地貌和人均耕地不足一亩的客观条件,一直是横亘在山区农业发展面前的障碍,这也导致农业农村工作一直是洛阳发展的短板。

破解难题,创新改变,才有前途。洛阳把目光瞄准了"沟沟坎坎",在洛阳境内具备开发条件或可合并开发的沟域达到435处,沟域面积占到市域总面积的21%,居住着贫困人口2.15万户、8.6万人。

这些"沟沟坎坎"曾经是洛阳农业发展绕不过的陷坑、难补齐的短板,是提升农业整体质量必须跨越的坎。如何把短板补长?调研、论证,学习、探索、试点、示范。"十三五"伊始,洛阳市委、市政府确定因地制宜,打造豫西沟域经济示范区的新思路,为农业农村特色化发展走出了符合洛阳市情的新路子。

什么是沟域经济?就是以山区自然沟域为单元,充分发掘沟域范围内自然景观、历史文化、特色产业等资源,对山、水、林、田、路、村和产业发展进行整体规划、统一打造,力求实现富裕山区农民、城乡统筹发展、生态文明建设的有机统一。

"发展沟域经济是促进农业农村深度变革、推进乡村振兴、发展特色高效农业和精准扶贫的新模式、新思路。"洛阳市委副书记、市长刘宛康说,洛阳山川纵横，制约在山，潜力在山，优势在山，希望也在山，发展沟域经济是改变山区农村农业短板的有效手段。

2016年1月4日，省政府下发《河南省加快转变农业发展方式实施方案》，要求在郑州、洛阳、平顶山选择一批自然条件适合的山地丘陵沟壑区，统一规划，开展沟域经济示范建设。同年，洛阳市迅速出台了《洛阳市沟域经济示范区建设重大专项工作方案》和《洛阳市沟域经济示范区建设考评办法》；市财政专门安排专项资金用于支持沟域经济发展，第一批12个沟域经济示范区快速启动。

科学定位　荒山沟打开新天地

认准了沟域经济是破解山区发展难题、山区农民脱贫增收难题、山区生态建设保护难题的有效途径，就要朝着正确的方向干下去。

因地制宜，因沟制宜。在具体实施中，洛阳坚持了"五个优先""三个结合"的策略。

"五个优先"即以下五个原则。

坚持生态优先原则。充分考虑环境承载力和可持续发展要求，落实好绿水青山就是金山银山的发展理念。

坚持特色产业优先原则。结合自然和人文优势，立足现实基础，着眼现代发展，培育主导产业，构建"一沟一特"。

坚持规划先行原则。以市场需求为导向，统筹考虑生态、生产、生活功能布局，做到产业定位科学，生产方式创新，合理集聚投资，推进有序建设。坚持一个沟域一个规划的基础上，按照县级为主、市县会商的原则，通过会商和统筹，努力避免沟域经济示范区建设的雷同化、低端化和形式化。一张蓝图绘到底，确保建一个成一个。

坚持农民主体原则。让农民成为沟域经济发展的参与者、受益者，盘活农村资产，保障农民的合法权益，促进农村繁荣和农民富裕。

坚持脱贫攻坚联动原则。聚合脱贫攻坚的资金和政策用于沟域经济发展，把沟域经济示范区建成农村一、二、三产业融合发展的示范区、脱贫攻坚的主战区、乡村振兴的先行区。

"三个结合"，即把沟域经济示范区建设与现代产业发展、脱贫攻坚、乡村振兴相结合。

在沟域经济发展政策的指引下，洛阳各县（市）区如八仙过海，各显神通。

伊川县探索建立沟域经济多元投融资模式，激发市场主体活力，招商引进了河南建业集团，诞生了伊川建业绿色基地沟域经济示范区，规划沟域面积6725亩，总投资20亿元，以保护生态环境可持续发展为基础，着力打造豫西南现代农业科普基地、洛阳特色农产品培育孵化基地、中原地区田园综合体示范区。2019年计划投资额度1.9亿元，目前已累计完成投资1.75亿元，一个现代化的设施农业窗口即将开放。

宜阳县七彩莲花谷沟域经济示范区用政府投资做引导，先搭框架，改善沟域基础设施，增强沟域吸引力，提高社会资本投资信心，招大商，招强商，建立了土地流转得租金、园区服务得薪金、开店经商得现金、集体经济得佣金的"一地生四金"产业带贫新模式。

嵩县明白河谷沟域经济示范区将当地农户搬迁空置的民房宅基地整理出400余处，由村委会主导成立合作社统一对外招商，借助网络平台面向全国进行推介，目前已有过半的空置民宅被认购，正在有序规划建设，一个高水平的旅游民宿区即将迎宾。

依托丰富的旅游资源，洛阳形成了嵩县明白河谷、栾川七姑沟、栾川伊源康养谷、汝阳炎黄文化谷、新安县神仙湾等"沟域+乡村旅游"经济带模式。

通过现代特色农业产业带动，促进三产融合，形成了孟津同盟山现代农业示范园区、孟津凤凰山田园综合体、洛阳樱桃谷（新安、西工）、新安舜王牡丹谷、宜阳连昌河汉唐文化休闲农业带、伊川江左镇青湖山西梅谷、汝阳大虎岭农业长廊、洛宁豫西金苹果部落、嵩县（伊川）鹤鸣皂角岭等"沟域+特色产业"经济带模式。

依托城郊地理优势，以市民观光目的地为目标，打造了伊滨区倒盏民俗村、洛龙颐龙仙谷、伊滨万安山花仙谷和龙门四季龙门等"沟域+生态观光"经济带。

赤橙黄绿青蓝紫，谁持彩练当空舞？目前，洛阳市规划建设的33条沟域经济示范区，在广袤的河洛山乡，就像33条五颜六色的彩带，以绿色为基调，一沟多景美环境，一沟多品兴产业，一沟多业富农民，正不断开辟农业全面升级、农村全面进步、农民全面发展的新境界。

示范区的星星之火，正燃成燎原之势，在河洛大地铺展。伊川因地制宜规划了凤凰岭、石桥沟等7个沟域经济示范区（园）；嵩县以农业结构调整为主线规划建设了中药材、猕猴桃、皂角树、核桃等7个特色种植业沟域经济示范区（园）；栾川通过乡村旅游针对脱贫攻坚和乡村振兴建设了高山渔村王府竹海、赤土店牡丹花谷、养子沟等6条沟域经济示范区；宜阳县建设了桃源小镇、体育小镇、诗歌小镇、烟叶小镇等为主题的沟域经济示范区；孟津县依托得天独厚的地理位置和现代农业产业资源优势，农旅融合，以沟域经济推动乡村振兴示范……数字为证，仅仅9个县（市）就规划建设了40条县级沟域经济示范区（园）。

生态富民　农业高质量蹚出新路子

"沟域经济要坚持因地制宜，规划先行，一沟一策，一沟一色，一沟一韵，选准产业定位，明确发展特色，明确发展主题。"洛阳市副市长王军说，沟域经济必须以生态优先为底线，追求保护生态与发展经济共赢，必须让百姓从绿水青山中受益。

在新安县石井镇东南部，小浪底水库建设移民搬迁之后，这片土地便成了荒山土坡，岭树擦人脸，沙尘笼废墙，鲜有人至。但沟域经济吸引了在外创业的成功人士孙江子，他利用自己公司的工程机械，把4个山头4000亩荒山变成了壮观的梯田，种上了桃树、梨树、葡萄树等，使这里变成了4A级的黄河神仙湾休闲农业旅游度假区，园区规划总面积4000余亩，计划投资5.8亿元，园区总体规划包括大河风云项目园区、休闲农业园区、综合度假区。目前大河风云项目园区已经开园迎宾。

洛阳樱桃谷沟域经济示范区涉及新安县3个镇24个行政村和西工区红山乡，沟内千年樱桃林被农业农村部确定为中国重要农业文化遗产。这里连年成功举办樱桃花节、樱桃文化节、樱桃谷骑行邀请赛、特色小吃展等活动，兴起了采摘游，办起了农家乐，先后建成了十几个规模化樱桃园，年接待游客35万人次以上，综合经济效益8亿元以上，年户均增收达3万余元。同时，辐射带动了千亩玫瑰园、千亩花椒基地、浦耕草莓园、卓成石榴园等特色产业发展，拉动了集贸商超、餐饮住宿业的兴起，吸引了40余名大学生和80余名返乡农民工创业发展，促进一、二、三产业融合发展，带动解决周边1800名贫困群众实现本地就业。

栾川县陶湾镇南沟是伊河的源头。一条纵深20公里、面积近50平方公里的狭长沟谷，分布着4个省定贫困村5000多口人。按照沟域经济的思路，沟域内3000余亩土地全部流转，他们选择了走"体育+旅游"之路，打造以健康养生、体育运动、户外休闲为主题的康养谷。如今，南沟有了一个响亮的名字——伊源康养谷沟域经济示范区。沟内3000余亩种满桃、李、杏、梨等果树的果园替代了原来瘠薄的玉米地，10公里的山地越野自行车骑游道、20公里的登山健身步道已经建成，吸引了众多户外运动爱好者纷至沓来，这也让沟域内的农户户均年收入达到6万元。2018年游客总量已达到25万人次，实现旅游收入约2100万元，带动470户贫困户、1760口人通过沟域经济建设增收致富，实现沟域产值2.4亿元。

孟津县同盟山沟域经济示范区位于会盟镇，涉及4个村庄，总面积1.5万亩，覆盖人口6000余人。沟域内拥有龙马负图、伏羲画卦、八百诸侯会盟、刘邦绝河亡秦、伯夷叔齐扣马劝谏等历史文化资源。依托万亩莲藕、万亩优质水稻、万亩黄河鲤鱼、万亩孟津梨等4个"万字号"特色主导产业基地，2017年以来，该区累计获得投资3.7亿元，每年举办的银滩灯会、梨花节、荷花节等，接待人数达130万人次，节庆活动收入达1.5亿元，域内综合产值达3.8亿元；借助灯会、庙会、节会期间所聚集的人气，带动孟津特色瓜果农特产品增加收入达5600万元。沟域解决当地农户800余人就业，带动周边农户发展果树、莲藕种植，鸡、兔养殖业农户达1000余户。

在伊滨经开区，倒盏村沟域经济示范区利用诸葛镇南部万安山麓沟壑纵横的荒山沟域资源，主打民俗文化，6000亩荒山丘陵，3条总长约4.5公里的生活和商业街道，有窑洞、戏楼、廊桥、茶台、庙宇、牛棚、打麦场、古作坊等明清年间村民生活、祭祀活动的印记，还有滑雪场、射击娱乐馆、玻璃栈道、市民公园、烈士纪念碑、景观水系、葫芦庄园、高空水滑道、悬崖秋千、网红滑道等现代游乐娱乐设施，是都市居民体验农事、品尝民间美食、感受非物质文化遗产魅力、体验河洛古朴民俗风俗、休闲养生游乐的胜地。试营业至今累计接待游客1000万人次，带动当地2300多名农村劳动力就业，助推200余位农村创客人才在家乡创业；成为我省乡村旅游的标准化试点、河南省乡村旅游创客示范地、洛阳市文化产业的领军企业……

在洛宁，金果小镇已成为豫西金苹果部落沟域经济区建设的精品亮点……产业兴旺是沟域经济发展的根本。山还是那座山，河还是那条河，沟还是那条沟。不同的是，这些曾经的"沟沟坎坎"，今天已变成洛阳农民增收致富的聚宝盆。

沟域经济激发活力，乡村旅游如火如荼。截至2019年9月，洛阳市休闲农业项目总数达到 3618 个。其中，休闲农业园区 351 个，休闲农庄 109 个，农家乐 3158 家，年接待游客超过 1300 万人次，安排就业人数 11.8 万人。洛阳市和栾川县、嵩县、孟津县先后被农业部和国家旅游局认定为全国休闲农业和乡村旅游示范县（市、区）。

王军介绍，2017 年以来，洛阳市已培育了 33 个沟域经济示范区，累计完成投资近百亿元，培育的沟域经济示范区（园）也已经布局启动。下一步，洛阳市将出台《沟域经济发展标准体系》，将围绕一沟一特色，一沟一亮点，建设绿色生态、产业融合、高端高效、特色鲜明的沟域经济发展带，全面提升经济、生态、社会效益。到 2020 年，市级示范区将达到 40 个，并推进县级示范区（园）建设，总产值将由 20 亿元提高到 40 亿元以上；力争 2022 年总产值达 60 亿元以上。通过示范带动，促进洛阳农业农村深度变革，洛阳山区生态环境明显改善，一、二、三产业融合发展，经济效益持续提高，居民收入快速增长。

绿水青山就是金山银山，不负"青山"，方得"金山"。让沟流金、谷淌银、湾聚财、川招宝……沟域经济不仅为洛阳铺开一条绿色富民的康庄大道，更为洛阳山区农业高质量发展推动乡村振兴蹚出了一条路。

（原载于 2019 年 9 月 11 日《河南日报农村版》）

摆脱贫困，新乡先进群体的奋斗史

□ 马丙宇　刘亚鑫　李存伟

巍巍太行，滔滔黄河，孕育了新乡先进群体，在8000多平方公里的牧野大地上，处处都是脱贫攻坚的主战场，而新乡先进群体的每一个党员干部，都是插在这个阵地上一面永不褪色的红色旗帜，成为广大贫困群众脱贫致富的主心骨。

在我省"三山一滩"脱贫工程中，新乡有"一山一滩"。"一山一滩"贫困面广，贫困程度深，但穷则思变，新乡先进群体成员多是生在这里、长在这里的苦孩子，他们废寝忘食、绞尽脑汁地对抗贫困，带领乡亲们走向富裕。

截至2018年底，新乡已有23.41万农村贫困人口脱贫，贫困户产业扶持和增收措施实现全覆盖，贫困重度残疾人家庭无障碍改造完成率居全省第一，危房改造清零行动超额完成省定任务；2019年，封丘县和原阳县两个贫困县通过省专项组评估，实现脱贫摘帽，新乡持续贯彻精准扶贫方略，着力解决"两不愁三保障"突出问题，继续扎实做好脱贫攻坚工作。

新乡扶贫开发办公室主任张文亮告诉记者，新乡先进群体的奋斗史，就是一段坚持不懈与贫困斗争的历程，他们带领着群众拔穷根、争尊严、求价值、谋幸福。

从富一群人到富一方人

新乡先进群体的成员们,率先带富了一群人,这一群人共同努力和奋战,进而用全新的创造力和感染力影响了一方百姓。他们一同向穷山恶水宣战,誓和贫困"死磕"到底。

如今,新乡先进群体魅力超强,全国各地参观者络绎不绝。但他们最初的愿望和目标,只是想把身边的群众带到富路上,让群众不受苦,不受罪,过上好日子。

"我一生就干了两件事,把群众带到正路上,把群众带到富路上。"新乡县七里营镇刘庄村原党委书记史来贺这样总结自己的工作。被称为农民政治家的他,是新乡先进群体的灵魂人物。

这个长工的儿子是在苦水里泡大的,深知老百姓的日子难,从1949年8月6日入党,他就立下了"为了刘庄父老乡亲有饭吃,有衣穿,有房住,都过上好日子,我志愿加入中国共产党,不怕死,不怕苦,不怕吃亏,跟党一辈子不变心,死不回头"的铮铮誓言。

史来贺与贫困较上了劲。从1952年担任刘庄党支部书记,到2003年去世,史来贺在刘庄的土地上整整干了51年。他常常成夜不睡,为刘庄的群众操心,为刘庄的发展思考。史来贺的付出,不仅使刘庄摆脱了"方圆十里乡,最穷数刘庄"这句话,还让刘庄从一个十里八村有名的佃户村、长工村,成了闻名全国的"中原首富村",让刘庄与时俱进,始终走在全国农村前列。

以史来贺为榜样的卫辉市唐庄镇党委书记吴金印,和史来贺的总结一样:"把群众带到正路上,把群众带到富路上,是我的使命。"在乡镇党委书记的岗位上,吴金印一干就是50年,被誉为乡镇党委书记的榜样。

为了让群众有地种,有更大更满的粮囤,吴金印成了"造地书记",20

世纪六七十年代在狮豹头乡工作时，吴金印带领群众苦干15年，治水架桥，植树育林，造出2000多亩良田。他清楚，土地就是聚宝盆。到唐庄任职后，通过筑高低坝、建消力池、闸沟造地等，至今已造出1万多亩新地。为防止水土流失，又给山坡地围上石堰。跑水、跑土、跑肥的"三跑田"变成了"三保田"。

造地解决了温饱，还得想办法致富。"错过机遇是罪人。"吴金印很有发展的紧迫感。20世纪90年代，他去广东参观时受到启发，回来后规划建设产业园区。如今的唐庄镇，已有世界500强、国内500强、上市公司等大小40多家企业入驻，走上了工业化、城镇化和农业现代化协调发展的道路。

"吴金印老书记的一言一行对我的影响很大。"辉县市张村乡裴寨村党支部书记、村委会主任裴春亮坦言，吴金印虽然是长他28岁的长辈，但两人是忘年交，他以吴金印为榜样，一直在学习他永不满足、永远从零开始的精神。剃头匠出身的裴春亮，2005年以来，致富不忘乡邻，带领群众发展高效农业、工商业和红色文化旅游，并创建春江集团，把一个仅有600口人、人均年收入不足千元的省级贫困村发展成为入住11800口人、人均年收入超过15000元的新型农村社区。

郑永和、刘志华、张荣锁、耿瑞先、范海涛、赵化录等，他们都找到了同一条发展道路——认准集体致富路，扶贫助困求大同。从刘庄、唐庄、小冀，到裴寨、南李庄、冀屯……新乡先进群体始终保持先进，坚定信念，带动了一群人富裕，进而影响一方百姓。在全国实施精准扶贫之时，他们早已先行一步，摆脱贫困，走向富裕。

在脱贫攻坚战中，新乡先进群体又有了新使命，他们结对帮扶贫困乡、贫困村和贫困户。吴金印结对帮扶顿坊店乡新村，裴春亮结对帮扶薄壁镇，范海涛结对帮扶拍石头乡……在新乡先进群体的带动下，100多名先进模范党员与贫困乡、贫困村结成帮带对子，成为精准扶贫最为亮丽的风景线。

从一种共识到一种精神

当一名基层党员干部，就要想群众之所想，拔穷根，摘穷帽，让老百姓过上好日子。达成这一共识的新乡先进群体，历经艰难，经过传承和沉淀，形成了属于他们的新乡先进群体精神。

新乡先进群体始终保持先进的秘诀是什么？通过采访和交流，记者发现他们都有同样的认知：让群众摆脱贫困，走在富裕的光明大道上。

吴金印刚到唐庄工作的时候，每天骑自行车到各村走访群众。"北抓林果"的思路，就是来自一次走访。那是1988年秋天，3个月没下雨，唐庄北部的丘陵，庄稼旱得卷了叶。当检查旱情的吴金印来到侯庄村地界时，遇见了一个六十来岁的老农，正在侍弄山楂树，吴金印上前搭讪，问他咋会想到种山楂。老人说，山楂树是铁杆庄稼，最顶旱，弄好了可以收入千把块。老人还告诉他："咱这儿的地，种别的不中，种果树中。"吴金印不由得眉毛一扬："这是个好点子！"

因此，唐庄镇提出了在北部丘陵地区发展林果业的思路。几年之后，这里建成了万亩林果基地，搞了个中国唐庄桃花节，每年春天吸引着来自中外的10多万名游客。承包果园的人家都发了财，有了私家车，住上了别墅。

新乡先进群体始终保持先进性，是因为敬畏群众、信赖群众又甘于为他们奉献，誓为贫困群众带来幸福，因此也受到群众的信任、爱戴和追随。

"拿起白面馍，想起郑永和。"多年来，辉县市都流传着这样一句话，这是辉县群众对郑永和带领大家治山治水、摆脱贫困的深切缅怀。在辉县，郑永和是一个时代的符号。在20世纪六七十年代，他带领全县人民治山治水，拦河造田，辉县由水难、路难、生活难，变成水通、路通，生活越过越美好。周恩来总理称赞说："辉县人民干得好！"

辉县市冀屯镇党委书记赵化录扎根乡镇21年，硬是把冀屯镇从一个无名小镇变成了全省百强乡镇，公共财政收入突破2.5亿元，农民人均纯收入超过了1.8万元，真正把群众带到了富路上。

....

数十年来，凭借着为群众服务到底、鞠躬尽瘁的共识，新乡先进群体成员改变了一方方群众落后的面貌，经受住了人民和时代的考验，锤炼出了属于他们的精神：爱党、亲民、担当、进取、干净、奉献的新乡先进群体精神。

这个精神犹如指路的明灯，老典型精神薪火相传、长盛不衰，新典型应运而生、层出不穷，形成了独特的新乡先进群体"星云团"现象。长垣县南蒲街道金寨村党支部书记、村委会主任杨永昌，卫辉市唐庄镇仁里屯村党支部书记梁亮等基层党员干部在他们的感召下，谱写了脱贫攻坚的战歌，犹如一颗颗新星，将牧野大地的星空装点得更加璀璨。

从一个苦难到一个信仰

苦了小半辈子甚至大半辈子的贫困户，想不到能有熬出头的这天，料不到日子竟然可以过得这样甜。一件又一件的事情告诉他们，最值得追随的是身边的党员干部，最值得信赖的就是共产党。

前前后后，新乡涌现出10多个全国先进典型、100多个省级先进典型、1000多个市县级先进典型。他们不忘初心，将群众从贫困的泥沼中解脱出来。

史来贺说："跟党走，拔掉穷根，让老百姓过上好日子！""如果不能使人民生活越来越好，那就是没有尽到共产党员的责任！"

吴金印说："帮助群众挖掉穷根，就是最大的联系群众。"

刘志华说："看见乡亲们苦撑苦熬过穷日子，我心里就难受。作为共产党员，我的念想就是让农民的生活富起来、美起来。"

范海涛说："爱党，就要为党做点事情；爱乡亲，就要富一方百姓；爱社会，就要奉献一片爱心。"

……………

汗水换来了丰收，奉献赢得了民心。新乡先进群体不计回报付出，广大党员干部深入群众，了解群众的心声……这些，群众都看在眼里、记在心上，他们发自内心地爱戴和拥护身边的党员干部。在新乡先进群众的带动下，新乡贫困群众也不甘落后，跟着共产党，誓与苦难作斗争。

从贫困户到脱贫户，到带贫户，再到村委会带头人，卫辉市太公镇田窑村村民李现万靠着脱贫攻坚政策和党员干部帮扶，完成了人生"三级跳"，实现了"逆袭"。早些年，患有严重腰椎病的李现万，一度失去了对生活的信心，帮扶干部的反复劝导让李现万振作起来，他开工厂致富然后带动贫困户，并且积极向组织靠拢，竞选上了村委会主任，李现万说："我要把我的一辈子都献给党！"

常科是平原示范区张双井村的贫困户，自小患有小儿麻痹症，左腿落下了残疾。之前，他常年在郑州漂泊，打打零工。精准扶贫后，常科回到家乡，在政策帮扶下办起了小型服装加工厂，并即将和相恋十多年的贵州姑娘组建小家庭。2018年8月份，50多岁的常科郑重向村党支部交上了入党申请书。常科说："没有党，俺不可能办厂挣钱还娶上媳妇，俺就想入党，一直跟党走，听党的话！"

2019年七一前夕，辉县孟庄镇南李庄幸福院的老人们，将悄悄绣好的党旗，送给村党支部书记范海涛；临近八一，延津县榆林乡东古墙村的五保户裴新芬，组织村内妇女，在节前赶制了一批鞋垫，送给了延津县武装部的官兵们……吃了一次又一次苦，受过一茬又一茬罪的新乡群众，用自己最朴实的行动和发自肺腑的话语，回报和感谢着身边的党员干部们，他们的信仰朴实而坚贞：如今的幸福生活是党给的，要永远爱党，跟党走。

（原载于2019年10月17日《河南日报农村版》）

焦作的乡村路，真好！

□ 宋朝　冯佳志　董洁

一场西北风把冬天送上了云台山。

漫山遍野的各种树叶争先恐后地红起来了，像是在欢迎冬天的光临，又像是向大自然以及呵护它们的游客、山民们展示今年最后的绚烂。

一条11公里的山路婀娜多姿，恣肆地游走在山谷之中，然后盘山而上，在高山之顶金岭坡村的"云上院子"稍事休息，又蜿蜒而下，连接到了省道上。

"这条2018年才修通的11公里的路叫金云路，因为沿途风景好，被修武人称作'天路'，是我们修武县美学乡村、美学经济的一个典范！"修武县"四好农村路"创建指挥部办公室主任秦超说。

历史上曾经是资源性城市的焦作21世纪初开始转型，开打绿水青山的山水牌，至今的全域旅游已经有模有样。

焦作市农业农村局副局长刘新成说，焦作市农村公路的全面升级改造从2018年发力，三年时间计划投资45亿元，新建、提升农村公路6782公里。

2017年12月，习近平总书记要求进一步深化对建设农村公路重要意义的认识，既要把农村路建好，更要管好，护好，运营好。

乡村公路综合指标原本在全省顶尖位置上的焦作市，结合基层党建、脱贫攻坚和乡村振兴率先出发，经过两年的努力，全市的"四好农村路"里程已经超过了4000公里。

建得好，管得好，护得好，运营得好，焦作的农村路，真好！

只要有路，就可以开车一直前行，焦作的农村路基本都是"环形活路"

59岁的原平均是"天路"金云路海拔最高点金岭坡村村民，金岭坡村隶属修武县西村乡。

"说来我们是西村乡的，其实我们赶集买东西都去七贤镇，近！"原平均说，这条路修好前，他赶集都是骑摩托车走山涧的碎石路，路窄，坡陡，弯急，绕圈，天黑要是还不能到家，老婆都该站在山上喊了，怕出事。

"现在不一样了，路修好后，妇女们都能骑个电三轮单独去七贤镇赶集卖山楂、核桃了！"金岭坡上那座历史上用石块砌起来的小学现在变成了一处民宿，还起了个颇有"诗和远方"韵味的名字叫"云上院子"，原平均现在是"云上院子"里的花工，拔草，浇花，修篱笆，一天工资130元。

金岭坡村有30户村民，原来搬出大山的村民现在已经有几户搬回了村里。

刘新成说，焦作北部山区面积大，居住分散，除了极个别的单门独户外，凡是有五户以上的居民点，都已经修通了乡村公路，并且这些乡村公路在设计的时候就强调了一个"环"字，只要有路，汽车就可以一直向前开，所有的路都是相连的。

修武县有金云路、东虎路、青云大道、云台大道；沁阳市有尚伏路、沁紫线；孟州市有王园线、龙石线、获孟线；博爱县有月寨路；武陟县除了王园线还有朱东路、五老路；温县有王廷大街、南渠线、新洛路；等等。核心内容就一个字：好！

从南到北，从南太行的山区旅游景观路，到丘陵山地的田园过岭路；从平原地区的现代农业路，到黄河滩区的黄河风光路，焦作市修一条路、造一片景、活一方经济、富一方百姓的乡村公路建设理念，已经在全域4000多平方公里的古怀州大地上生根开花。

打个电话，沁紫路上的远程控制智慧限高杆缓缓升起，一辆拉散装水泥的罐车就能通行了

站在沁紫路西段的限高架下，沁阳市农村公路管理所的马进忠拨通了沁阳市智慧交通网络的热线电话。

"你好，这里是沁阳智慧交通服务中心，请问您需要什么帮助？"

"我是马进忠，有一辆拉水泥的罐车要通过咱们沁紫限高架，麻烦你把限高杆升一下吧！"

"哦，马主任啊！好的，我已经在监控里看到水泥罐车了，符合要求，马上升杆放行！"

马进忠介绍说，投资装这套先进的远程控制智能升降限高系统主要就是为了加强对沁阳市农村路的日常管理："农村路修好了，必须管好；放弃了管理，前面修，后面坏，是对财政资源的浪费，老百姓也会戳我们的脊梁骨！"

焦作市农村路的管理从新建和提升开始就得以体现了。

焦作市交通运输局副局长李英豪说，焦作市委、市政府对"四好农村路"建设非常重视，相关部门制定了具体的细节标准，譬如路和宅怎么分家，路和田怎么分家，过村路段怎么整治等，甚至把标准细化到了路肩、排水沟、游园、公交驿站、路边花池等的建设，即便是当地乡镇或者村组负责实施的建设环节，交通部门也要跟进规划、设计。

沁阳市沁北小学有近400名在校生，校门前就是沁紫路，这条路提升的时候给孩子们用红色沥青铺设了1600米的人行步道，西沁阳村党支部书记孟祥联说，全校的师生和学生家长都很在意这条生命安全通道，大家都

是这条通道的管理志愿者。

农村路提升后，沁阳市怀庆办事处阳华村村民苏海霞家门前的废弃地建成了一个小游园，尽管也有专人管理，但看到游园里的花草有点蔫了，苏海霞就会赶紧从家里提水浇灌。

在焦作，沿线群众自觉参与"四好农村路"管理的氛围已经形成。

不单单是保证路面整洁，还要把公交驿站里的凳子、汽车充电桩擦拭得干干净净

孟州市化工镇横山村是20年前从小浪底整建制搬迁过来的移民村。

2019年夏天，58岁的横山村村民李建涛有了一份新的工作，当上了"四好农村路"王园线过村路段的养护工。这是一个每月有800元收益的公益岗位，作为手部有残疾的建档立卡贫困户，他对这份工作很满意。

"清清杂草，捡捡垃圾，活不算多也不算重，我管的这一段上午走一趟，下午走一趟，啥问题都不能出，管理光达标不中，得是整条路的先进才行！"李建涛管理的这一段有个公交驿站，驿站里的凳子、汽车充电桩他都擦拭得很干净。

11月6日至7日，2019年全国推动"四好农村路"高质量发展现场会在四川召开，焦作市在这次现场会上作了典型发言，孟州市也升格为全国"四好农村路"示范县。

孟州市有900多公里农村路，全市像李建涛这样的农村路养护工有400人。

孟州市农村公路管理所乔绍文说，养护不单单涉及路域环境，从长远来看，路域环境的改善提升，直接关乎人居环境，直接影响县域经济发展；路域环境既能带动实体产业发展，又是脱贫攻坚的抓手，更是旅游人流的直接引领。

孟州市槐树乡源沟村位置偏僻，沟壑多，农村路域环境提升后，流转山地的人来了，骑行的驴友来了，摘果子的人来了；散养的鸡卖上了好价钱，开发的民宿有人住了，沟里的吊桥成网红桥了，路边晒玉米的老大娘都成了摄影者镜头里最美的人。

李英豪介绍说，农村公路管养不是个小问题，焦作市目前正在推行路长制和农村公路管养设星定级活动，已经建立了县有路政员、乡有监管员、村有护路员的养护队伍，实行了县道县管、乡道乡管、村道村管的综合管养机制，确保农村公路养护常态化。

纵横的农村公路是伸向乡村的藤，藤上要开花，会结瓜

马进忠放行的那辆水泥罐车是往沁紫路范村地界送散装水泥的，那里正在建一座标准化厂房。

谁也没有想到，沁阳市紫凌镇居然是全球最大的头饰皮筋生产基地，全国 80% 的头饰皮筋都是在这里生产的，这里居然还有个皮筋文化博物馆。

"原来皮筋生产是很分散的，沁紫路提升以后，结合产业升级，市里临路规划了一个产业园区，不久后皮筋头饰旅游小镇就要在这里诞生了！"马进忠说。

修武县云台山镇岸上村 53 岁的徐四新现在已经不是村民而是老板了，他说，岸上村 248 户村民几乎没人种地了，家家开宾馆、商店，一年收入十万八万那都算少的了。

岸上村党支部书记郭军平说，村里没有贫困户。

孟州市会昌办事处寺沟村村民郭永孝在大棚里种了四亩阳光玫瑰葡萄："一个月前都卖光了，前几年葡萄熟了我要去郑州批发市场找客户，人家还嫌弃这黄河滩里的泥巴路不好走，现在这柏油路一修，葡萄不熟要货的就盯着，还要我开手机视频，他要亲眼看。"

在焦作的农村公路上，参差不齐的原石变身为错落有致的彩色路缘石；一辆很有年代感的加重自行车成了 3D 墙体画的一部分；一艘废弃的挖沙船被改造成了南湖红船放在了路边党建主题的游园里；不经意间，盛开的波斯菊花海就闯进了视野；极目远眺，正好看到"绿水青山就是金山银山"的标牌！

由线成网、由窄变宽、由通向好的焦作市"四好农村路"，遏制了"城进村退"，正在绘制"城兴村荣"的乡村振兴蓝图。

（原载于 2019 年 12 月 4 日《河南日报农村版》）

开封高质量打好打赢脱贫攻坚战

□ 董伦峰　程文倩

近年来，开封市在市委、市政府的坚强领导下，深入贯彻落实习近平总书记扶贫开发重要战略思想和中央、省委脱贫攻坚决策部署，紧紧围绕夯实一个基础、抓实四个重点、落实一个保障的总体工作思路，突出问题导向，聚焦薄弱环节，强化攻坚举措，压实攻坚责任，打出系列"组合拳"，取得阶段性成效。

2018年，脱贫攻坚进入集中总攻阶段。为高质量打好打赢这场硬仗，开封市委书记侯红提出了"四个确保"，即：提升政治站位，确保责任上肩；坚持精准方略，确保措施落地；抓好基层党建，确保组织支撑；弘扬"三股劲"，确保作风过硬。市长高建军强调，要全过程、全方位体现精准的要求，把精准整改、精准施策、精准帮扶、精准退出贯穿始终，确保工作的精准度、社会的认同度、群众的满意度明显提高。

压实责任，合力攻坚，脱贫攻坚战转向"全面开花"

走进今天的"梦里张庄"，干净宽敞的水泥街道，白墙青瓦筑成风格统一的二层、三层小楼林立左右，村民个个笑靥如花。外出打工回家的村民难以相信，这还是几年前被称为国家级贫困村、"雨天一地泥，刮风一脸土"的小村庄吗？

兰考的脱贫之路，正是对焦裕禄精神的生动践行。开封市按照深学、细照、笃行的要求，深入学习焦裕禄亲民爱民、艰苦奋斗、科学求实、迎难而上、无私奉献的精神，弘扬焦裕禄同志对群众的那股亲劲、抓工作的那股韧劲、干事业的那股拼劲，贯彻落实习近平总书记在兰考县调研时的殷殷叮嘱："要切实关心贫困群众，带领群众艰苦奋斗，早日脱贫致富。"

目前，为努力缩小城乡发展差距，推动城乡一体化发展，开封市多次组织县区、市直部门学习推广兰考县脱贫攻坚经验做法，从精准施策、产业扶贫、基层党建、城乡面貌整治、干部作风建设等方面，深刻领会兰考精神的精髓所在，做到消化吸收，融会贯通，对照先进，查找不足，补齐短板，高质量高标准打好脱贫攻坚战，努力推动脱贫攻坚工作从兰考"一枝独秀"转向全市"全面开花"。

明确任务，定准目标，"33445566"有的放矢

2018年，开封市委书记侯红结合上级要求和工作调研情况，总结梳理今后一个时期脱贫攻坚目标任务，归纳成"33445566"工作要点对各级各部门进行任务分解。

第一个"3"是实施好全市脱贫攻坚"三年行动计划"；第二个"3"是集中力量攻克深度贫困村、特殊贫困群体和脱贫任务较重的杞县"三个难点"；第一个"4"是打好产业扶贫、就业创业扶贫、金融扶贫、社会扶贫"四大硬仗"；第二个"4"是开展健康扶贫、教育扶贫、扶贫助残、危房改造清零"四大行动"；第一个"5"是实施交通扶贫、饮水安全、电网升级、环境整治和乡风文明"五大工程"；第二个"5"是落实领导分包机制保障、财政投入保障、督查执纪保障、培训保障、考核奖惩保障"五个保障"；第一个"6"是坚持扶贫对象精准、项目安排精准、资金使用精准、因村派人精准、措施到户精准、脱贫成效精准"六个精准"；第二个"6"是实现从

注重全面推进帮扶向更加注重深度贫困村攻坚转变、从注重减贫进度向更加注重脱贫质量转变、从注重找准帮扶对象向更加注重精准帮扶稳定脱贫转变、从注重外部帮扶向注重外部帮扶与激发内生动力并重转变、从开发式扶贫为主向开发式与保障性扶贫并重转变、从兰考县脱贫攻坚成效"一枝独秀"向全市脱贫攻坚成效"全面开花"转变的"六个转变"。

2018年,开封市委、市政府结合任务数和工作实际,制定了开封市打赢脱贫攻坚战三年行动计划,确保脱贫攻坚有的放矢,精准到位,切实做到目标再明确,措施再精准,责任再落实,成效再提升。

拉网排查,不留死角,政策落实下够"笨"功夫

为确保脱贫攻坚政策落实不漏一村一户一人,2018年5月中旬,开封市集中开展了为期50天的横向到边、纵向到底的拉网式大排查行动。

开封市、县核查人员紧紧围绕发现问题、找对办法、群众满意三个关键点,对杞县、通许县、尉氏县、祥符区、龙亭区有脱贫攻坚任务的1697个村57568户建档立卡贫困户进行了全面排查,坚持做到全面排查不留死角,反馈问题不顾情面,分析研判不避忌讳,培训指导不遗余力,及时交办不误时机,问题整改不准应付,督导抽查不走过场。

此次排查共发现基础工作不扎实、档卡填写不规范、政策掌握不透彻、政策落实不到位、帮扶措施不精准、产业覆盖不全面、资金使用不合理、户容户貌不整洁、村集体经济不明显等"九不问题",对问题统一实行"三交办",即交给有关县区和相关市直责任部门进行限期整改,整改不力的,交办市纪委监察委进行追责。

通过大排查行动,开封市全面排查了脱贫攻坚政策落实中存在的各类问题,查实找准了脱贫攻坚短板和薄弱环节,为政策落实到村到户全覆盖奠定了基础。

注重实效，突出创新，产业扶贫精准"滴灌"到村到户

村有当家产业，户有致富门路，人有一技之长，产业扶贫是开封市今年扶贫工作的四个重点之一。该市在充分发挥党委和政府主导作用的前提下，立足实际，汇聚合力，注重实效，突出创新，着力构建专项扶贫、行业扶贫、社会扶贫"三位一体"大扶贫格局，制定具体产业帮扶措施，确保产业扶贫精准"滴灌"到村到户。

专项扶贫以蒜富民，"六个对接""六个打通"初见成效。开封市以杞县大蒜为切入点，解剖麻雀，精准施策，探索实施了良种、信息、冷链调峰、精深加工、服务培训、社会力量"六个对接"和风险保障、融资扶持、科技下乡、线上线下、一二三产融合、品牌创新"六个打通"，确保每个环节都有贫困户直接或间接参与收益。同时，围绕特色种养业、扶贫车间、农村电商、乡村旅游等方面，制定出台开封产业扶持脱贫"六大帮扶机制"和"十大带贫模式"。

2018年，杞县8331户贫困户种植大蒜2.4万亩，收获蒜薹840万斤。在整体大蒜市场行情不好的情况下，该县通过电商帮助、爱心企业收购、建立销售网点、发出倡议书等方式，拓展销售渠道。截至目前，杞县种植大蒜的贫困户增收960多万元，销售价格比周边地区高出两角钱。6月29日，中国（杞县）第十届大蒜节开幕，国内外300多名客商参会，共签约项目32个，签约总金额24.72亿元。

金融扶贫量身打造系列"蒜贷"。开封市金融部门围绕大蒜产业发展，坚持精准施策，创新金融扶贫服务模式，量身打造"种子贷""蒜商贷""蒜储贷"等系列"蒜贷"，助推贫困群众增收致富。针对建档立卡贫困户，特别是有劳动能力且以大蒜种植为主要脱贫途径的贫困户，专题设立"种子贷"，给贫困户发放扶贫小额贷款，每户5000元以下，专题用于大

蒜种子、肥料购买，从而增加贫困户家庭收入，实现脱贫。截至目前，杞县已发放大蒜贷款 5540 万元，带动贫困户 1221 户实现稳定脱贫。

就业扶贫以"三服务"促进"三提升"。为进一步发挥就业创业助力脱贫攻坚作用，开封市人社部门坚持以提升扶贫对象就业创业能力、实现稳定就业为首要任务，以职业培训、转移就业、返乡创业为重点，扎实开展就业创业扶贫"三服务三提升"活动，即开展职业培训服务，提升职业技能水平；开展转移就业服务，提升稳定就业水平；开展返乡创业服务，提升产业发展水平。

社会扶贫大力推行"1+3"工作模式。据开封市扶贫办工作人员介绍，目前，学习兰考打造的以爱心美德公益超市积分兑换为平台，以"巧媳妇"工程、人居环境扶贫、助学扶贫为支撑的"1+3"社会扶贫工作模式，充分发挥了开封市工、青、妇和工商联密切联系群众、联系企业的优势，在全市上下构建起了政府搭台、企业唱戏、多方参与、群众受益的工作机制。截至目前，全市已建成爱心美德公益超市 64 家，美丽乡居环境改善工程改造完成 1809 户，"巧媳妇"工程建成 194 个，助学扶贫已帮扶 1227 人，共动员认捐社会扶贫资金 5963.25 万元，捐物折合人民币 581.96 万元。

建立资金池做好健康扶贫。开封市首创贫困人口健康脱贫再保险，建立 3000 万元贫困人口医疗保障资金池，在建档立卡贫困人口享受基本医疗保险、大病保险和大病补充保险报销三次报销后，对剩余合规住院医疗费用进行第四次报销，进一步减轻贫困人口医疗负担。

企业帮扶，结对推进，聚焦"两路、两带、两补"奔富路

为充分发挥企业在市场、就业、技术、资金、结对帮扶村资源和劳动力等方面的优势，在协商一致的基础上，村企共同制定了帮扶形式和帮扶内容。

在开封市委统战部、市工商联牵头制定的《开封市工商联开封市扶贫办关于进一步深化"百企帮百村"精准扶贫行动的实施意见》中,选取39家民营企业与全市39个深度贫困村结成帮扶对子,按照"两路、两带、两补"的工作部署(两路:帮助贫困村修建道路,帮助贫困人口找致富门路;两带:利用扶贫企业带动产业发展,利用扶贫车间带动就业增收;两补:根据贫困村情况补基础设施和公共服务设施,支持帮助村补党建阵地、文化阵地短板)。

6月5日,在举行的开封市社会扶贫暨"百企帮百村"活动村企对接推进会上,全市39个深度贫困村已经全部与企业分别对接完毕并签订帮扶协议。目前,各帮扶企业正在制订定完善各自的帮扶规划,确保结对帮扶工作持续跟进,务求实效。

"一米团""夜谈会",打通脱贫工作的"最后一米"

为营造脱贫攻坚浓厚氛围,使扶贫政策家喻户晓,2018年以来,开封市进一步加大宣传力度,继续开展"一米团""夜谈会"宣讲活动。

由教育局、人社局、住建局等单位共同组建政策宣讲团,深入贫困村和贫困人口较多的非贫困村进行政策宣讲,打通政策与群众之间"最后一米"距离;由村级脱贫责任组长、第一书记、帮扶责任人等利用晚间劳作之余,以夜谈会的模式,与贫困户面对面解决应享未享的政策问题。

截至2018年7月30日,全市共举办13批202场扶贫政策宣讲会,听讲群众8.48万人,开展"夜谈会"9626场,发放各类政策宣传页18万余份,处理移风易俗、医疗补助等问题5896个,为贫困群众解决政策"棚架"问题639个,有效提升了群众的认可度和满意度。

同时,提炼"八提升、八确保"工作法,并梳理摘编习近平总书记重要讲话精神和扶贫干部应知应会相关知识,编印开封市脱贫攻坚工作"口袋书"1万余册,发放至县、乡、村各级,确保各项扶贫政策家喻户晓。

铸牢"铁笼",用好"利器",强化扶贫监督执纪问责

2018年,开封地区以脱贫攻坚作风建设年为契机,在做好任务分解和责任落实的基础上,不断强化脱贫攻坚全方位、全过程的督查、巡查和问责问效。

一方面,建立常态化督查巡查机制,以市为主导,县区为主体,每季度开展一次大规模、过筛子式的督导检查,将各项工作查深查透见底。同时,转变督查方式,加大暗访力度,市县领导亲自带队,采取不打招呼、不听汇报、不用陪同和接待的方式,直接进村入户暗访摸底,倒逼脱贫攻坚责任落实。近期,开封市级领导已全部深入县区进行常态化暗访督导,侯红对20个贫困发生率在10%以上的深度贫困村进行了逐一暗访。

另一方面,为加强执纪督查,开封市纪委联合市扶贫办深入4县2区,对国家、省考核中反馈问题和市大排查发现问题的整改落实情况进行督查,坚持"一周一检查、一周一通报"工作办法,对整改不力的单位和个人点名道姓通报曝光,切实解决了工作推进中存在的"浮""假""躁""松"问题。

目前,在开封市委、市政府的带领下,全市上下拧成一股绳,铆足一股劲,努力打好脱贫攻坚"组合拳",确保产业扶贫精准"滴灌"到村到户,以更加坚定的信心、更加有力的措施,坚决打赢打好精准脱贫攻坚这场硬仗。

(原载于2018年7月30日《河南日报农村版》)

南阳：群众腰包鼓了，居住环境美了

□ 曹国宏

南阳市是河南省贫困人口最多、国家级贫困县最多、贫困村及深度贫困村最多的省辖市，南阳市实施了产业就业提升、村容村貌改善等，并以作风建设攻坚推进脱贫攻坚，夯实了脱贫质量。贫困村水、电、路等基础设施建设深入推进，教育、卫生、住房等各类保障措施统筹实施，铺上了柏油路，喝上了干净水，用上了4G网，越来越多的贫困群众有了产业、就业门路，实现脱贫致富。2018年度，南阳市超额完成14.54万农村贫困人口的脱贫任务；84个易地扶贫搬迁集中安置点已全部建成，4690户14 927人全部搬迁入住，提前完成"十三五"扶贫搬迁任务，全国易地搬迁现场会在南阳召开。

夯实产业促增收　群众腰包鼓了

南阳市镇平县是"中国金鱼之乡"，在该县侯集镇向寨村金鱼养殖大户冯国富的养殖基地里，采购的客商络绎不绝，十多个金鱼品种销往广州、武汉。在该基地务工的贫困户方华不仅每天能获得90元的工资收入，每年还有1600元的土地流转收入。

镇平县探索金鱼线上销售模式，打造出了金鱼淘宝村，网上销售突破1500万元，为贫困户提供劳务岗位和金鱼代售服务，带动近千户贫困户年户均增收 3000 余元。

南阳市持续以"千企帮千村"活动为载体,以产业扶贫为支撑,做大做强文化旅游、健康养生、月季、艾草、金鱼等特色扶贫产业,着力构建"七有"产业就业扶贫体系,真正让贫困群众融入产业链,确保持续稳定增收。在机制模式上,试点探索内乡牧原"3+N"扶贫模式。目前,已在 2018 年脱贫摘帽的内乡、镇平、方城 3 个县试点推行,带动贫困户实现持续稳定增收,户年均增收 3000 元以上。在光伏扶贫上,采取"政府+公司+金融+贫困户"的模式,利用学校和机关单位屋顶、荒山荒坡、废弃地安装光伏设施,全市共投资 32 亿元,建成光伏扶贫电站 6782 个,发电总规模 57.63 万千瓦,惠及 8.2 万户贫困户,带动每户年均增收 1.3 万元以上。在电商扶贫上,构建市、县、乡、村四级电商服务网络,加强与阿里巴巴等大型电商物流企业合作,借助互联网营销等手段,成功打造了淅川福森系列食品、西峡香菇猕猴桃、内乡菊花、镇平观赏荷等一大批特色农产品品牌,农产品线上线下交易额达 20 多亿元,帮带 2.96 万贫困人口就业创业。在旅游扶贫上,探索形成了"景区带村""能人带户""旅游+交通+扶贫"等乡村旅游扶贫模式,全市 204 个村入选国家、省旅游扶贫重点村。

改善村容村貌　居住环境美了

走进镇平县杨营镇程庙村,眼前豁然开朗:道路两旁花红柳绿,区间道上整齐干净,贫困户家敞亮规整……

南阳把农村人居环境整治作为脱贫攻坚的重要内容,以提高贫困地区群众生活质量和促进农村社会文明进步为目标,持续改善贫困地区村容村貌、贫困群众户容户貌,做到村村通有公路、户户通有水泥路,让群众有更多获得感、幸福感。

一方面,全面改善村容村貌,实现村庄美。由各县市区党委、政府牵头,以乡镇为主体,以行政村或自然村为基本单元,开展村容村貌综合整治活动。在基础设施和公共服务建设上,着力拆除或改建危旧房屋,清扫建筑垃圾等杂物,实现村内及周边无垃圾堆放、无污水横流等,日常生产生活物品堆放规范有序,主次干道两侧环境干净。在农村垃圾治理上,按照"五有"标准,落实扫干净、转运走、处理好、保持住"四个环节"的要求,建立健全农村生活垃圾收运处置体系。在村庄硬化绿化亮化上,因地制宜选择路面材料,解决道路泥泞、村民出行不便等问题;充分利用闲置土地组织开展植树造林、湿地恢复等活动,建设绿色生态村庄;完善村庄公共照明设施,实现村庄主要街道和公共活动场所夜晚有照明。

另一方面,大力改善户容户貌,实现庭院美。全市投入资金23.2亿元,购买垃圾清运车辆3022台,建立专业保洁队伍4320人,与32家专业保洁公司建立垃圾清运协议。据不完全统计,全市"七改一增"实现改水4.5万户,改电2.5万户,改门窗5.6万户,改地坪5.2万户,改院1.1万户,改厨3.2万户,改厕所3.3万户。

(原载于2019年2月18日《河南日报农村版》)

喜看兰考新变化:"沙窝窝"变成"金窝窝"

□ 董伦峰　王西平　程文倩

2020年4月初的兰考,一切恢复生机,绿意盎然。兰考县东坝头乡的村民,有的来到自家的田头准备春耕,有的在自家的蔬菜大棚里精心施肥,还有乡里的"巧媳妇"们也来到张庄布鞋手工作坊熟练地做起了针线活,裁布,纳鞋底,包边,缝合,一道道工序看着简简单单,但每一针下去都体现着她们的巧劲儿。

尽管村民们戴着口罩,仍能"看"到他们脸上的笑意,心情似乎没有受到疫情的影响。

"现在的我不光脱了贫,还致了富,小日子过得越来越有滋味。"家在东坝头乡张庄村的闫春光说。2014年3月习近平总书记到兰考考察,来到他家时,这还是一户年收入不足7000元的六口之家。如今,变成了另一幅光景,闫春光开办了春光香油店、春光农副产品网店、上规模的养鸡场,从村里的贫困户变成致富带头人。

2002年,兰考县被确定为国家级贫困县。2014年5月,习近平总书记在指导兰考县委常委班子专题民主生活会时,兰考县委、县政府承诺"三年脱贫,七年小康"。2017年,兰考县如期实现脱贫,并通过实施产业提升、扩大就业等措施,持续攻坚,巩固成果。2019年,全县建档立卡贫困户人均纯收入达到12 346元,比摘帽时增长6925元。全县城镇、农村居民人均可支配收入分别达到27 156元、13 160元,相较2017年增长17.7%、

20.7%，居民收入显著提高。今天的兰考，更是发展出了敢教日月换新天的气势，彻底把过去的"沙窝窝"变成了如今的"金窝窝"。

乡村变得越来越美

统一的红瓦、同样的白墙、条条加宽的乡道、干干净净的河道，是兰考县新农村建设标配。外出打工许多年的人回到村里既感到陌生，又觉得欣喜，"俺们村可真是大变样啊！"

近几年，兰考县东坝头乡张庄村利用政府带动、公司开发、群众自建等模式，并出台奖励政策，激励40余户农户进行房屋改造，张庄乡村旅游得到全面开花，同步推进。

目前，张庄村新建农家小院10户，改造农家院23户，做到了亮化，绿化，美化。现有农村干部培训中心、图书馆、年代记忆民俗馆、张庄村"除三害"工作队指挥部、张庄布鞋手工作坊、张庄景轩麦秸画、餐饮住宿等，初步建成了集休闲、娱乐、餐饮、住宿于一体的"梦里张庄"，一院一品，四季有景，营造出了浓厚的乡村旅游氛围。

2018年以来，兰考县按照环境美、田园美、村庄美、庭院美的标准，着力开展以乡村规划、乡村清洁、道路畅通、阵地建设、风貌提升、厕所革命、坑塘整治、安全饮水、庭院改造、移风易俗为主要内容的"十大工程"，倾力打造"四美乡村"。所有村庄环境干净、整洁、有序，村容村貌明显提升，农民幸福感、获得感明显提升。兰考县先后获得了全国农村垃圾治理和资源化利用示范县、全国农村污水治理示范县、全国四好农村路示范县、全国人居环境整治成效明显激励县、全国村庄清洁行动先进县，全省美丽庭院创建示范县、全省乡村振兴示范县、全省农村生活垃圾治理达标县等荣誉称号。2019年10月，全国农村生活垃圾现场会在兰考召开。

如今的兰考乡村，平时生活垃圾日产日清，生活污水得到有效管控，农村户用厕所改造率达到80%，在每年的"三夏""三秋"后和国庆、春节前的关键节点，分别开展集中清零行动，推动村内全域环境达到"十无一规范一眼净"。每个乡镇新建垃圾中转站2个，实现户有垃圾桶、村有垃圾箱、乡有中转站、县有处理设施。投资3.1亿元的光大环保静脉产业园，年处理生活垃圾21.9万吨，年发电7719万千瓦时；投资2.2亿元的瑞华生物质发电项目，年处理秸秆30万吨，年发电1.6亿千瓦时；全县畜禽粪便综合利用率达到75%，废旧农膜处置率达到85%。

大力发展特色优势产业

"代庄鸭嘴鱼上市了，欢迎品尝""红薯汤、红薯馍，离了红薯不能活""代庄纯红薯粉条隆重上市！"……兰考县仪封乡代庄村第一书记代玉建的朋友圈，就像一个"微商"号，为村里的土特产搞宣传，做代言。

80后的代玉建，自2001年从大学毕业后，靠着自身努力在郑州创业。经过几年摸爬滚打，他的生意越来越好，日子也越来越富裕。代庄村民希望他回乡带领大家致富，代玉建决心放弃郑州的事业，回乡帮助村民致富。"当初兰考县还是国家级贫困县，我从郑州重新返乡，目的就是要让村民脱贫致富，把代庄村建设得更好，实现全村的幸福代庄梦。"

2014年，代玉建当选代庄村党支部书记，并发起、成立了怡心农民合作社，流转土地400多亩。近年来，该合作社种植葡萄、红薯、大蒜和西瓜等并延长产业链，制作成该村的本土特产，带领群众发展高效农业，增加了群众收入。

20世纪80年代，泡桐开始被广泛用于制作民族乐器，乐器产业由此成为兰考县四大特色支柱产业之一。

2017年12月，兰考县产业集聚区的河南中州民族乐器有限公司负责人代胜民接受记者采访时说："公司一年出售乐器数量两万台左右，产品遍布全国，远销东南亚，年收入达3000多万元。下一步计划稳住产量，提高质量，向中高端乐器升级发展。"该公司与徐场村大大小小的民族乐器加工厂合作，不仅促进了双方在民族乐器制作技术上取长补短，还带动相关产业发展，增加了农民收入。

"我们依靠古琴制作，现在的日子过得越来越富裕了，村里的环境也比以前好了许多。"徐场村村民徐二排说。徐场村科学规划，把美丽乡村建设规划与特色产业相结合，以北方民居为基调，融入造型古朴、典雅、浑厚的古建筑元素，建设有进村牌坊、宫、商、角、徵、羽标志性建筑，街道建设随形就势，修旧如旧，令人流连忘返。

近年来，兰考县把脱贫攻坚与构建特色产业体系统筹推进，立足于兰考本土的食品和木制品优势，紧抓供给侧结构性改革先机，选择和培育了品牌家居、循环经济、绿色畜牧等3个产业体系和2个特色优势产业，初步形成了城乡统筹，一、二、三产融合发展的产业体系，为脱贫攻坚和乡村振兴打下了坚实的产业基础。

"几年来，我们正是牢记嘱托，践行嘱托，在脱贫攻坚中推动了民生改善各项工作，现在我们兰考干部群众的信心更足了，我们将克服疫情影响，加快恢复生产，补短板，强弱项，探索脱贫攻坚和乡村振兴的有效衔接，稳步推进高质量发展。"兰考县委书记蔡松涛说道。

（原载于2020年4月15日《河南日报农村版》）

☆链接：兰考县正式退出贫困县

□ 王东亮　董伦峰

2017年3月27日上午，省政府新闻办公室召开兰考县退出贫困县新闻发布会。省扶贫办主任张继敬在发布会上宣布兰考县退出贫困县，自此，兰考县成为河南贫困退出机制建立后首个脱贫摘帽的贫困县。

兰考县 2002 年被确定为国家级贫困县。2014 年 5 月，习近平总书记在指导兰考县委常委班子专题民主生活会时，兰考县委、县政府承诺"三年脱贫，七年小康"。三年来，兰考县把脱贫攻坚作为头等大事和第一民生工程，以脱贫攻坚统揽经济社会发展全局，紧扣精准，务实攻坚。三年来，兰考创新公共服务平台，创新融资方式，创新金融扶贫，县财政先后拿出 3000 万元风险补偿金，为贫困户发放贷款 3.2 亿元，为脱贫攻坚提供有力的金融支持。目前兰考围绕家居、食品两个主导产业，着力打造统筹城乡的兰考特色产业体系，一、二、三产融合发展的产业布局基本形成。紧扣精准，切实做到扶真贫，真扶贫，真脱贫，对 115 个贫困村都派出帮扶工作队，做到村村有脱贫计划，户户有脱贫措施。坚持以基层党建为引领，把三年脱贫的压力传导到每个党员干部。领导领着干，干部抢着干，群众跟着干，在兰考蔚然成风。

日前，根据中共中央办公厅、国务院办公厅《关于建立贫困退出机制的意见》，国务院扶贫开发领导小组委托中国科学院地理科学与资源研究所作为第三方，对我省兰考县退出情况开展了专项评估，并报经领导小组审定后，由河南省人民政府正式批准兰考县脱贫退出。

兰考脱贫之后的路怎么走？兰考县委书记蔡松涛在发布会上这样说：脱贫摘帽只是万里长征的第一步，在稳定脱贫奔小康的新征程上，我们将继续加大对产业发展的扶持力度，让有能力的人发展产业，没能力的人参与到产业发展中，真正实现每家每户都有致富门路；继续加大农村道路交通、农田水利、环境整治等基础设施建设，统筹贫困村与非贫困村同步推进；继续加大金融创新力度，持续增强县域发展活力；继续开展帮扶，启动"支部连支部，一起奔小康"活动，充分发挥基层党组织战斗堡垒作用。

（原载于 2017 年 3 月 28 日《河南日报农村版》）

兰考：向着幸福奔跑

□ 王东亮　董伦峰　李宇翔

50多年前，县委书记的榜样焦裕禄种下的那棵"焦桐"，如今根深叶茂，生机勃勃。从焦裕禄时期治理"三害"，到改革开放后摆脱贫困，再到今日奋力迈步小康，焦裕禄精神时刻激励着兰考的干部群众，勇进取，莫停歇，一步一个脚印地埋头苦干，把兰考建设得更加美好。近日，记者踏上这片日新月异、生机勃勃的热土，感受兰考铿锵前行的步伐。

为家乡骄傲自豪

2018年6月28日，已是中午1点多，仪封乡代庄村党支部书记代玉建还没顾上吃饭，忙着接待巩义市、长垣县来参观学习的同志。

今年36岁的代玉建大学毕业后一直在郑州等地做生意，事业有成，2015年回村当支书。

代玉建记得，小时候冬天都是吃玉米面，收秋干重活时才有好面吃，家里养的鸡下的蛋不舍得吃，要拿去卖了换钱。上了大学后，他就出去勤工俭学，不仅学费自己挣，家里的彩电、水泵，二姐上学骑的自行车都是他勤工俭学挣钱买的。

代玉建说，刚走出兰考时，别人会问他是哪里人，当知道他是兰考人时，年龄大的人就会问：你们那里还要不要饭了？

那时，作为兰考人，一点也不骄傲！

随着兰考经济的发展，特别是 2014 年，习近平总书记到兰考调研指导工作，作出重要指示，寄予殷切期望，兰考人底气足了，干劲大了，面貌真是一天一个样。2017 年 3 月 27 日，省政府召开新闻发布会正式宣布，兰考脱贫了，兰考人彻底扔掉了穷帽子！兰考人都为家乡感到骄傲自豪！

变化是干出来的。2015 年，代玉建花 6 万元买来蒜种让大家种，没人响应。现在，村里人的观念都变了，都是抢着要贷款，上项目。

代红过去是贫困户，2015 年，代红发展了两个大棚种葡萄，后来发展到 6 个，早就扔掉了穷帽子。现在，村里大棚发展到了 36 个。

这几年，村里过去连农用三轮车都过不去的路变成了大卡车畅通无阻的大马路，路西种上了葡萄，路东搞起了水产养殖，2017 年村民人均年收入达到了 1.16 万元。代玉建的目标是让户户有产业，人人有活干，让代庄成为真正幸福的代庄。

"梦里张庄"成现实

东坝头乡张庄村的老人们说，村子很早以前是个大风口、大沙窝。当年，焦书记在张庄成功找到治沙良策，并取得成功。20 世纪 70 年代，虽然风沙治住了，有了收成，但灌溉、排水不行，基本上还是靠天吃饭。

申学风出生于 1964 年，是村党支部书记。他说，他上高中时是改革开放之初，同学们都是背着馍去上学，一放一个星期，掰开变质的馍，会扯出很长的丝。土地承包到户后，能吃饱肚子，但想挣钱也是很难。2014 年 3 月 17 日，习近平总书记来到张庄，和乡亲们促膝谈心，给了大家莫大的鼓舞。这些年，张庄干部群众干劲十足，村子旧貌换新颜，变成了一个追寻焦书记治沙足迹、学习焦裕禄精神的红色旅游点。

张庄村着力打造的旅游名片是红色游和乡村游结合的"梦里张庄"，保留、整修了许多农家院落。

在除三害指挥部旧址院前,记者见到几个游客,他们来自兰考县城,以前来过张庄。他们说,张庄变化太大了,以前只有一条乡级公路,现在所有的路都硬化了,而且修得非常美。

2016年,张庄引进了奥吉特菌业有限公司,用鸡粪和麦秸秆做原料种褐蘑菇,现在有130多人在公司务工,全面投产后,会拉动300多人就业。

张庄人过去都是往外跑,现在很多人开始返乡创业,村里有规模的养殖户有61户,绝大部分属于近4年返乡创业的。村里的政策是,有能力创业的帮助创业,不想创业的安排就业,在家闲着的不多。

村委会有一组张庄人笑脸的组照,中间笑得最灿烂的年轻人叫闫春光。2014年3月17日,习近平总书记走进闫春光的院子,嘘寒问暖,看望他当时85岁的奶奶,他很受鼓舞。这几年,闫春光养起了蛋鸡,早就扔掉了贫穷的帽子,这段时间,他卖鸡蛋每天都能挣1000多元。

2014年以前,张庄人均年收入只有3000多元,村集体收入是零,去年人均年收入达到9860元,村集体收入达到40多万元,207户贫困户减少到13户。

充满希望的幸福路

火车站是一个地区的窗口。电影《焦裕禄》中当年兰考人乘火车外出逃荒的情景令人震撼,那时的兰考以穷出名。2016年9月10日,兰考南站正式开通运营,兰考进入高铁时代。

兰考南站充满时代气息。在舒适的候车室,记者看到一对年轻情侣,小伙子自称姓杨,准备和女朋友去郑州。他说,半小时就到省会了,很方便,玩玩转转,买些东西。一位叫张荣的女士来自附近乡镇,她和丈夫趁着孩子放暑假,一家三口去上海玩几天。

从20世纪60年代坐火车逃荒要饭，到20世纪90年代坐火车外出务工挣钱，到现在坐着高铁到更远的地方购物、旅游，兰考人生活的变化触目皆是。

阳光大厦是兰考行政服务中心办公的地方，也是习近平总书记2014年来到兰考考察的第一站。这里有很多高大上的东西，比如政务APP、"淘宝式"网上政务服务等。高效率、现代化的管理机制，先进的硬件设施，焦裕禄精神的继承和发扬，使这里的各项服务深受群众好评，也使很多来投资兴业的企业家印象深刻。这里成了兰考一张闪亮的名片。恒大家居联盟、富士康、杭萧钢构、格林美……越来越多的企业来到兰考，越来越多事业有成的兰考人回乡创业，兰考成了一片投资兴业的热土。

兰考之变更直观地反映在城乡群众的收入上，2018年2月23日，开封市委常委、兰考县委书记蔡松涛在县委十二届六次全体（扩大）会议上所作的工作报告说，2017年，全县城镇居民人均可支配收入23 068元，同比增长9.2%，高于全省平均水平0.7个百分点；农村居民人均可支配收入10 907元，同比增长9.7%，高于全省平均水平0.9个百分点，主要经济指标增速继续保持全省第一方阵。

道路宽又广，村庄富又靓，高楼拔地起，百姓喜洋洋……从逃荒要饭到吃饱肚子，再到鼓足干劲奔小康，隆隆前行的时代列车将兰考拉上了一条快速发展、充满希望的幸福路！

（原载于2018年7月19日《河南日报农村版》）

扶志扶智的新县脱贫样本

□ 尹小剑　翁应峰　程一桐

4年有多长？不过是时间长河里一朵小小的浪花，但信阳市新县人民却用短短4年时间打赢率先脱贫摘帽决胜战。2018年8月8日下午，河南省人民政府新闻发布厅召开新闻发布会，宣布新县成功实现脱贫摘帽，新县成为信阳市第一个摘下贫困帽子的国家级贫困县。新县有啥绝招？用的是啥法术？

"没有啥绝招和法术，我觉得有两个方面很重要：扶志和扶智！"2018年8月17日，新县县委书记吕旅动情地说，革命战争年代，不足10万人的新县，就为新中国成立献出了5.5万名优秀儿女的宝贵生命，他们铁心向党，一心为民，敢于牺牲，敢为人先。当年，刘邓大军千里跃进，突破重围，靠的是这样的雄心壮志。今天，在脱贫攻坚战场上，老区儿女传承了这种雄心壮志，但仅有"志"还不行，重要的还要有"智"，不能蛮干。4年来，新县坚持扶贫同扶志、扶智相结合，坚持群众为主体，激发贫困群众脱贫致富的内在动力和自我发展能力，帮助群众拔掉穷根！

搬进新居，贫困户一家人生活得到改变

远山如黛，近水含烟。初秋，大别山下，新县美得像一幅画。

下午3点多，箭厂河乡街道一间理发店里，老板吴桂凤正在给人理发。

"前面留这么长，你看行不？"吴桂凤对着镜子里的顾客说。"行，就这样！"顾客掏出10块钱，递给吴桂凤，满意地走了。

"今天挣了60多块钱！"吴桂凤高兴地说。除掉租金，她平均每月有近2000元收入，生活问题基本得到解决。而在2014年以前，她的日子过得异常艰难。

吴桂凤说，她家有4口人，两个女儿在上学，丈夫刘新桥有轻度抑郁症。以前，她住在方湾村刘山组几间破土坯房子里。因没有收入，家庭困难，丈夫心情不好，经常发病，一发病就摔凳子摔碗，对她进行打骂，苦难的日子没有尽头。2014年5月，村里进行贫困户核查，将吴桂凤列为贫困户。

"村支书方应长和会计蔡先继经常到我家里问长问短，关心我的生活，给我出主意，让我找事做。"吴桂凤说。方应长建议她学习理发技术，在街上开个理发店，吴桂凤听从了建议，后来在街上开了这个理发店，有了收入，日子一天天好起来。

看到吴桂凤家房子破旧，2016年，乡里和村里在易地搬迁点幸福新村，给吴桂凤一家人无偿提供了一套住房，房子都是装修好的。看到宽敞明亮的新房，丈夫刘新桥的心情一下子好了起来，每天兴奋不已，像换了一个人，再也不对吴桂凤进行打骂了。刘新桥感到生活有了希望和奔头，主动提出先借1万元钱买几套家具和生活用品，然后出去打工还钱。

2017年，搬进新居后，刘新桥主动要求到上海一家建筑工地打工。两个月后，他给吴桂凤寄回了4000元钱。收到钱的那一刻，吴桂凤哭了。"这是我嫁给他近20年来第一次给我钱！"回忆起当时的情景，吴桂凤激动得直流泪，"这套新房，改变了我们一家人的生活！"

易地搬迁点幸福新村的一幢崭新的楼房矗立在路旁，阳光下，窗户玻璃直晃眼。"这座楼共6层，住了36户贫困户。还有一个易地搬迁点，楼房也快建好了，可以安置40户贫困户。另外还分散安置了17户贫困户。"

箭厂河乡扶贫办主任付征取说,"易地搬迁扶贫,扶了贫困户的'志',让他们看到了生活的希望,激发了他们内在脱贫的动力。"

加强培训,让贫困户靠技术挣钱

坐落在道路旁的一家工厂里机器轰鸣,一片忙碌的生产景象,50 余台机器正在有序运转,工人们按照各自的分工,有条不紊地忙碌着,眉宇间流露出劳动的充实和收获的喜悦。

在二楼手工车间,一名从浙江请来的手工师傅一边教工人们干活儿,一边与他们拉家常,车间内不时传来阵阵笑声。

这里是箭厂河乡和帆拉链扶贫车间,老板叫徐爱军,是一名返乡创业青年。徐爱军说,厂里有 20 多名员工,大多是贫困户。

詹有英,石岗村人,家有 4 口人,以前丈夫在外打工,詹有英在家带两个上学的孩子,生活很是艰难。

邹银枝,身体有病,丈夫智障,多年在外面不回来。邹银枝一人带着 3 个孩子,生活也不容易。

还有郑金凤,丈夫 2017 年出车祸去世,3 个孩子由她一人抚养,最大的孩子今年 15 岁,正上初中,家里异常穷困。

为解决她们的困难,村里和乡里想尽了办法,最后决定,对她们进行技术培训,让她们在家门口工厂里就业。

"仅仅扶志还不行,重要的还是要扶智,教会贫困户技术,让他们靠技术挣钱。"付征取说,"对这些有劳动能力的贫困户,村里鼓励他们报名,由村里向附近的工厂推荐,由工厂请师傅统一培训,再让他们上岗。"

徐爱军说,在这里一般每人每月可拿 2000 多元,技术工每月可拿 6000 多元。一些不方便来厂上班的村民,可以把原料拿回家加工。

在戴畈村兴超木制品扶贫车间,有一对夫妻,男的叫毛东兴,女的叫肖喜娣，2015 年被定为贫困户，因为没有一技之长，一家人都没有收入。2017 年，村里将他们介绍到该厂后，经过技术培训，毛东兴学会了做木雕，每月能挣 5000 多元，肖喜娣做油漆工，每月挣 1000 多元，两人年收入近 7 万元，2017 年实现脱贫。

"农忙在田间，闲时上车间"，箭厂河乡党委政府为帮助贫困群众早日脱贫，以内引外联的方式办起三个就业扶贫车间，让贫困群众在家门口就近就业，使贫困家庭就业一人，脱贫一户。

新县农开扶贫办党组书记、主任徐守奎介绍，为给贫困户扶智，新县成立全市首家新型职业农民培训中心，累计培训贫困人口 1093 人次，整合人社、农业等部门培训项目，对贫困群众持续开展专业技术、实用技能、自主创业三个方面的培训，实现有就业创业意愿的贫困人口培训全覆盖，让贫困群众能干，会干，累计培训贫困群众 10 913 人次。紧盯用工需求，开展家政、旅游等领域技能培训，打响"红城月嫂""红城管家"品牌，使就业人员人均月收入达 8000 元以上。出台就业创业奖补办法，立足全县产业实际，重点支持发展种植、养殖、旅游服务等 11 类产业，采用以奖代补的形式，鼓励贫困户自主发展微型产业，全县有 5797 户贫困户发展脱贫产业，年均增收 2000 元以上。

转变思想，激发贫困户内生动力

天色微明，一群鸟儿在树上叽叽喳喳，正做梦的王大松被唤醒，他揉了揉眼睛，麻利地穿上衣服，洗把脸，掂上箩筐和镰刀，开始来到山上割草。这里是吴陈河镇王洼村，王大松把草割回家后喂猪喂牛。王大松现在喂养了 40 头猪、40 多只鸡、8 只羊和 3 头牛，还种有 40 多亩水稻、20 多亩花生，年收入 4 万多元，现在已完全脱贫。而在几年前，他是一个连饭都吃不饱的贫困户。

"这要感谢党和政府，感谢县农业局和乡村干部的关怀！"王大松说。王大松兄弟共3人，几年前，他弟弟因病去世，弟媳患精神病走失，剩下两个孩子无依无靠。他毫不犹豫把两个孩子接到自己家里，像对待自己孩子一样用心照顾。

王大松有两个孩子，妻子也有智障，本就困难的家里，一下子多了两个孩子，王大松的日子过得更加紧巴。可更难的还在后边。王大松的哥哥王大家又患上了股骨头坏死，生活不能自理，王大松又把哥哥接到家里。贫困就像一根无形的绳索，紧紧地捆住王大松。

生活在2014年迎来转机。当年夏天，新县农业局开始帮扶王洼村，局长张传德对口帮扶王大松一家。

"张局长经常鼓励我，让我不要向贫困低头，树立脱贫致富的信心。"王大松说。张传德给了他3000元钱，让他用这笔钱作为启动资金，买了3头种猪，搞起了养殖；然后他又耕种了村里进城务工乡亲们的田地。县农业局利用自身优势，无偿为王大松提供种子、农药、肥料等农资和种植养殖技术指导、培训，帮其发展水稻种植和花生种植。在县农业局农技人员的精心指导及技能培训下，通过几年努力，他的种植养殖规模不断扩大，有了稳定的收入，2015年，王大松顺利脱贫，弟弟因病欠的2万多元债务，王大松也已还清。另外，得益于危房改造政策，王大松去年还搬进了新家。

"一切都那么美好！"王大松说，每天他都觉得有使不完的劲儿，有时干完自己的活，王大松还主动帮助其他贫困户，给他们鼓劲儿，让他们尽快脱贫。

新县农业局派驻该村第一书记林谊说，2017年，县农业局局长张传德又给王大松5000元钱，让他再扩大种养规模，但被王大松拒绝了："我已经脱贫了，不要再给我钱了！"2018年1月，王大松被吴陈河镇政府评为"十星农户"。

村民游清荣原住在吴陈河镇邱店村，20多年前，她丈夫不幸患上癌症，花光积蓄后，丈夫抛下她和两个孩子撒手而去。游清荣身材矮小，肢体有残疾，儿子患小儿麻痹症，因不能挣钱，被婆家看不起。

"不能这样，我要振作起来！"游清荣说，她擦干眼泪，倔强地昂起头，来到她的娘家浒湾乡游围孜村，开始租地种菜。没有经验，她就向别人请教。因为身体的原因，她挑不了常人用的扁担，便请人把扁担、竹筐等农具都改小，自己多跑几趟。

脱贫攻坚战打响后，游清荣一家被精准识别为贫困户。可游清荣从没主动伸手要过什么政策保障，她依然如往常一样卖力地劳作在自己的菜地里，只是这回她胆大起来，把周边其他荒地也租了，请人扩建出20个蔬菜大棚，一年收入能达到6万多元。

吴陈河镇党委宣传统战委员、副镇长易淑兵说，镇政府通过开展争当"十星农户"评选活动，对贫困户扶志和扶智，转变贫困户"等靠要"思想，充分发挥贫困户的主观能动性，积极挖掘贫困群众中依靠勤劳双手和顽强意志实现脱贫致富的先进典型，大力宣传本地致富带头人和返乡创业模范的先进事迹，营造安贫可耻、致富光荣的鲜明导向，激发脱贫致富奔小康的干劲决心。

夯实责任，用典型凝聚巨大精神力量

贫困户能顺利脱贫，离不开帮扶干部的辛勤付出。吴陈河镇在进行"十星农户"评选的同时，还进行"五好帮扶人"评选，进一步压实帮扶责任，提炼帮扶典型。

杨淇云是新县县委组织部派驻杜洼村扶贫干部，2017年7月，她成为岑启超等三个贫困户的帮扶责任人。刚接触岑启超一家时，为了解情况，杨淇云几乎每天都往岑启超家跑，和他们拉家常，询问他们生产生活情况，还常常给几个孩子带些零食、玩具等物品，取得了岑启超的信任。

2017年10月，岑启超的母亲因胆结石做手术，杨淇云听说后立即咨询医保政策，想尽办法帮他们减少开支。回来后，杨淇云第一时间赶到岑启超家看望其母亲，并主动帮助他们报销医药费，岑启超一家感动不已。病好后，岑启超的母亲还主动赠送给杨淇云自己编织的坐垫，表示谢意。每次杨淇云到岑启超家，左邻右舍都说：大妈，你女儿又来看你啦！

新县农业局驻村工作队队员管凤枝2017年来到王洼村，她经常到贫困户家了解情况，问他们有什么困难，给他们宣讲扶贫政策，制定帮扶措施。陈湾组贫困户王大明家情况比较特殊，王大明身体瘫痪，大儿子有精神病，小儿子为了照顾父亲，不能出去务工，没有收入，一家人陷入困境。管凤枝就从扶贫政策等方面积极为其争取，王大明感动不已。看到王大明住的房子破旧，管凤枝还给王大明申请危房改造资金，但被王大明拒绝。"王大明说要自己挣钱修房，他要求脱贫的积极性被调动起来了，真令人高兴！"管凤枝说。

2017年腊月，王大明去世，管凤枝就鼓励其小儿子出去打工，树立其战胜贫困的信心，春节、元旦还去他家看望。

吴陈河镇党委副书记、镇长李道勇说，镇政府通过"五好帮扶人"评选活动，挖掘扶贫干部在扶贫攻坚工作中的先进事迹，坚定扶贫干部的决心和信心，为打赢脱贫战凝聚巨大的精神力量。"这其实也是在扶干部的'志'，他们的'志'扶起来了，才能扶贫困户的'志'和'智'！"

培育文明，让贫困户懂廉耻知奋进

2018年8月17日下午，新县千斤乡娘湾村爱心之家大院幸福驿站超市里非常热闹，几名村民正在挑选自己喜欢的商品，令人诧异的是，村民们拿走商品的时候并没有付钱，而是拿一张红色积分卡交给工作人员，工作人员根据他们的积分多少，给他们发放对应的商品，村民黄成玉领到2块面包。

"黄成玉的积分卡面值为10分,每5个积分折现为1元,总共折现为2元,可以兑换2块面包。"新县民政局驻该村第一书记项飞介绍。为充分调动广大群众向上向善、积极参与脱贫攻坚的积极性,2018年5月,千斤乡全力推进幸福驿站超市建设。服务对象为全体农户,重点是建档立卡贫困户。积分设置为产业发展、政策知晓、清洁庭院、投身公益、帮扶济困、孝善敬老、配合工作、自立自强、诚实守信、移风易俗等10大类26项,由驻村领导、驻村干部、驻村工作队、帮扶人、村"两委"干部、村民组长、村级道德评议会等五类人进行评分,并做好登记,村民凭积分卡兑换商品。

超市里的商品,一般由村集体经济投入和帮扶单位、成功人士、群众个人捐赠。幸福驿站超市建成后,贫困户们都争着想办法脱贫,争抢着去帮助别人,"等靠要"的思想没有了,精神面貌焕然一新。

走在娘湾村的道路上,家家户户门前干净整洁,柴草农具存放有序,垃圾都分类入桶。池塘里鹅鸭尽情戏水,水田里稻花飘香,白鹭纷飞,一派恬静的田园风光。村民们见面,都友好地打招呼,相互问候。

"这里以前可不是这样!"村支部书记黄成先介绍,以前村里有三大派系共11个姓氏,派系之间经常因琐事发生矛盾甚至打斗。对此,县里也有耳闻,改革开放后,县里给每个组派驻一个驻村干部,专门解决村民间的争端。

近几年,村里又成立了一个调解委员会,由本村人王长育和聂德升担任调解员,只要哪里发生矛盾,他们二人就前去调解,事情大都得到解决。2014年至2016年,娘湾村被县里评为"无访村"。

另外,为进一步将村建设成为农村美、农民富、农业强的新农村,2018年7月20日,经村民代表大会决定,从执行村"两委"决策、个人卫生、红白事操办、孝老敬老、聚赌闹事、邻里相处、恃强凌弱、诚实守信等方面制定村规十条,凡违反规定者,将受到处罚。

通过这一系列举措，良好的乡风、村风、民风、家风已然形成，陈规陋习得到改变，农村不良风气得到遏制，自治、法治、德治相结合的乡村治理体系逐步健全，群众实干脱贫的内生动力被激发了出来。

千斤乡喻冲村张洼组村民邱旭光，小叔子因病去世，妯娌又患有癫痫病，时常发作。担心妯娌出现意外，邱旭光无论走到哪里都带着她，因为没有收入，一家人生活陷入困境。但邱旭光不"等靠要"，在扶贫干部帮助下，她带着妯娌到附近一家工厂务工，每月有1000多元收入，加上丈夫在北京务工的收入，她们家于2017年实现脱贫，邱旭光被评为村"脱贫之星"。

新县县长夏明夫说，2014年实施精准扶贫时，全县有建档立卡贫困群众12 308户41 829人，贫困村73个，贫困发生率14.9%。4年多来，全县干部群众凝心聚力，深入开展脱贫攻坚工作。截止到2017年底，全县贫困人口下降至989户2777人，贫困发生率下降至0.99%，73个贫困村全部退出。

"虽然新县脱贫攻坚取得了决定性进展，但面对2020年全面建成小康社会的目标，仍然任重而道远。"说起下一阶段的打算，新县县委书记吕旅语气坚定而又充满自信，"我们已制定贫困退出后续发展意见，坚持帮扶力度不减、扶贫政策不变、资金投入不降，重点抓好转移就业和产业发展，突出做好脱贫攻坚和乡村振兴的有机衔接，确保退出无风险，致富可持续，振兴有实践！"

（原载于2018年8月28日《河南日报农村版》）

看舞阳如何摘掉贫困帽

□ 仵树大　胡广华　赵明奇

2018年4月17日，省政府召开舞阳退出贫困县新闻发布会，宣布舞阳县脱贫摘帽。舞阳县成为全省第一个脱贫退出的省定贫困县。

统计显示，2014年至2017年，全县共退出贫困村112个，脱贫13 242户43 695人，目前剩下贫困村2个、贫困人口2872户6444人，贫困发生率降至1.19%。

这是舞阳县以精准识别为前提，产业发展为基础，增加收入为核心，加强党建为引领，改进作风为保证，多层面精准施策，扎实推进精准扶贫精准脱贫，全面打好脱贫攻坚战取得的结果。在这背后，是全县城乡面貌的巨大变化，农民生活水平的显著提高，社会经济的长足发展。

以增收为核心　多重精准施策

"贫困，'贫'在产业，'困'在增收。县委、县政府牢牢抓住增收这一核心，综合实施产业扶贫、就业扶贫、金融扶贫、光伏扶贫等措施。"舞阳县县长张书民说，贫困群众在享受各项扶贫政策的同时，均可再享受3种以上帮扶措施，户均年增收5000元以上。

按照做大传统产业、育强优势产业、发展新兴产业的思路，舞阳发挥平原农业县资源禀赋和产业基础优势，结合菌、菜、油、牧、果、烟六大传统主导产业，出台产业扶贫发展规划，先后培育出农业龙头企业 28 家，建成各类特色种养基地 25 个，带动 2.6 万群众通过发展产业、入股分红、务工就业和流转土地实现增收。

他们依托华宝、桂馥等农业产业化龙头企业，着力育强壮大食用菌优势产业，种植规模突破 5000 万袋，产值达 4 亿元，11 个乡镇 2300 多户贫困户"地里刨金"实现脱贫，食用菌产业也成为舞阳产业扶贫的一张亮丽名片。同时，积极发展光伏扶贫等新兴产业，建设村级扶贫电站 107 个，惠及贫困户 3525 户，户年均收益 3000 元以上，带动村集体年增收 3 万元以上。

传统产业与新兴产业并驾齐驱形成合力的同时，舞阳县着力探索构建金融服务、信用评定、风险防控、产业支撑四大体系，引导各金融机构与双汇集团、华宝农业等行业龙头企业深度合作，推行"五位一体"基地联贫、"四方联动"企业带贫、"三保合一"保险助贫、普惠制小额信贷等金融扶贫模式，共发放小额扶贫贷款 4.09 亿元，带贫 4278 户，户均年增收 3000 元。

在此基础上，全县开辟转移输出、县内务工、基地就业、兜底安置四大就业扶贫模式，带动 1.5 万贫困人口就业增收。实施"阳光工程""雨露计划"，7700 名贫困劳动力实现异地就业；筛选就业岗位，促进 2600 名贫困人口县内就业；新建改造扶贫就业基地 162 个，吸纳就业 1970 人；采取政府购买服务方式，开发扶贫公益岗位，组建治安、保洁、护绿和政策宣传四支队伍，安置就业贫困劳动力 3000 人。

以民生为根本　扶贫政策全覆盖

为全面打好脱贫攻坚这场硬仗，舞阳县围绕"两不愁三保障"，按照突破、提升、普惠原则，创新落实各项扶贫政策，实现了教育扶贫、医疗救助、住房保障、社会保障全覆盖。

教育扶贫全覆盖：全面落实教育"免补奖贷"资助政策，实现贫困家庭非寄宿生教育生活补贴和省内外大中专院校学生资助政策全覆盖，保障贫困孩子有学上，有效阻断贫困代际传递。

医疗救助全覆盖：全面推行医疗保险、临时救助、费用减免、保费资助等"五重保障六项优惠三项服务"帮扶措施，探索设立600万元的医疗保障基金池，对贫困群众实施医疗费用再报销，综合实施签约贫困户家庭医生服务，发放暖心小药箱等，最大限度减少因病致贫。

住房保障全覆盖：大力实施危房清零行动，累计投入1.4亿元，改造农村危房1.2万户，基本消除农村危房，实现了危房不住人、住人无危房目标。

社会保障全覆盖：实施农村五保、低保、残疾人、孤儿等特困人口动态管理，推进社会保障与精准扶贫无缝对接，兜牢扶贫工作的最后防线。

舞阳县还整合涉农资金4亿多元，大力推进贫困村基础设施建设和公共服务水平提升。114个贫困村道路不仅实现村村通、巷巷通，而且实现贫困村村级综合文化服务中心、标准化卫生室高标准配套，饮水安全和广播电视、电力、宽带网络等全面达标。结合农村人居环境整治、美丽乡村建设，实施以"六改一增"为重点的"温馨家园行动"，对3326户贫困户开展家庭环境整治。

随着各项扶贫措施的精准实施，舞阳县着力改进工作作风，从严落实政治责任，成立县脱贫攻坚领导小组，实行县委书记、县长双组长制，健全县乡村三级书记抓脱贫责任体系，选派驻村第一书记和帮扶队员3200多名，实现驻村帮扶、结对帮扶全覆盖。同时，成立了14个专项督查巡查组和1个责任追究组，分区域常态化开展专项督查巡查和驻乡督查，以严肃督查问责倒逼责任落实，全面提升脱贫实效。

"舞阳县脱贫摘帽，只是新时期长征路上的第一步，实现小康愿景，重任依然在肩。"漯河市委常委、舞阳县委书记李亦博说，"在决胜全面建成小康社会进程中,我们将在省市党委、政府的坚强领导下,继续坚持精准扶贫精准脱贫基本方略,紧密衔接乡村振兴战略,围绕'巩固''提升'两大主题,扎实开展'脱贫攻坚巩固提升年'活动,壮产业,惠民生,夯基础,抓作风,筑堡垒,聚合力,为实施乡村振兴战略、全面建成小康社会奠定坚实基础。"

(原载于 2018 年 6 月 1 日《河南日报农村版》)

新蔡县脱贫啦

□ 黄华　宋超喜

新蔡地处洪汝河下游，承担着上游 11 个县区 1.2 万平方公里流域面积的来水疏导任务，新蔡曾经饱经水患之苦，被人冠以"洪水招待所"的称号，一度成为全国重点贫困县。多年来，勤奋能干的新蔡人民在县委、县政府的领导下，实干干实谋发展，攻坚克难战贫困，用勤劳双手描绘出了一幅史诗般的脱贫攻坚新画卷。

"人民对美好生活的向往，就是我们的奋斗目标！"这一铿锵有力的宣言，吹响了全面向小康社会进军的号角。

新蔡，这个全国重点贫困县在这阵阵脱贫攻坚、建设小康社会的号角声中，稳扎稳打，一步一个脚印，硬生生甩掉了戴在头上的贫困帽，把全县人民几辈人过上好日子的梦想变成了现实！

截至目前，新蔡县 130 个建档立卡贫困村已有 128 个贫困村稳定退出，10.84 万贫困群众稳定脱贫，全县贫困发生率从 2014 年的 10.63% 降至 0.82%，全县农民人均可支配收入 11 158.8 元，增长 9.8%，高于全省平均增幅 1.1 个百分点。这一串枯燥的数字背后，在新蔡这片古老文明的大地上，留下的是该县干部群众不忘初心、风雨兼程，打赢脱贫攻坚战的坚实脚印！

2018 年 8 月 8 日，省政府新闻发布会上传来喜讯，经国家扶贫办验收复核，新蔡正式摘掉了"国家级贫困县"这顶压在全县人民头上多年的帽子!从此,新蔡告别贫困,开启了向小康进军的新征程!

实干:千方百计筑富路

地处河南省东南部古吕之地的新蔡县,总面积1453平方公里,耕地148万亩,辖9乡11镇4街道361个村(居)委会,125.24万人,平均海拔只有43米;因地势低洼,曾十年九涝,被戏称为"洪水招待所"。20世纪八九十年代,洪河、汝河全面治理,根除了新蔡的洪涝灾害,可曾经的连年涝灾,给新蔡留下的是基础差,底子薄,包袱重和困难多。1986年,新蔡被确定为国家级贫困县(国家扶贫开发重点县),从此,贫穷这顶帽子如一块不散的乌云一直笼罩在新蔡这块饱经沧桑的大地上。

全国脱贫攻坚战役打响之后,新蔡县委、县政府审时度势,坚决贯彻党中央、国务院和河南省委、省政府扶贫开发战略部署,以破釜沉舟、背水一战的决心,把脱贫攻坚作为头等大事和第一民生工程,以脱贫攻坚统揽经济社会发展全局,举全县之力,带领130万勤劳智慧的新蔡人民向脱贫致富奔小康的高地发起了总攻。

新蔡县将全县24个乡镇(街道)划分为六大战区,挂图作战,分别成立战区指挥部,县人大常委会主任、政协主席和四名县委常委分别担任指挥长,并赋予其人事建议、工作统筹、资金安排等多项职权。同时,成立13个脱贫攻坚专业作战组专班推进,县委常委、县政府副县长担任组长和副组长,层层传导压力,夯实责任,激发全县干群活力,全力推进脱贫攻坚。

在130个贫困村驻村第一书记和驻村工作队全覆盖的基础上,该县又向216个非贫困村全部增派第一书记和驻村工作队,全县1195名驻村干部对所有行政村全覆盖。同时,该县按照分级负责、无缝对接、全面覆盖、责任到人的原则,出台政策,实施网格化管理,在贫困户原有帮扶责任人的基础上,选配了8573名素质高、肯吃苦、事业心强的机关干部职工担任网格员。建立了纵向到底、横向到边的脱贫攻坚网格化管理体系，使脱贫攻坚工作实现全方位、全覆盖、无缝隙管理，做到脱贫攻坚工作不留死角，不留盲区，真正做到"在扶贫的路上，不能落下一个贫困家庭，丢下一个贫困群众"。

"你看俺这辣椒长得又大又好，一上街摆摊准是抢手货。"正在蔬菜大棚采摘辣椒的砖店镇大宋庄村贫困户王顺青脸上写满了幸福。

60岁的王汉中，15年前在帮别人卸砖时，被砸断肋骨，丧失了劳动能力，成了村里的贫困户。2015年，刚种过麦，县委书记王兆军就带着米面油来到他家说："从今天起你就是我的帮扶对象，有啥困难跟我说，我帮你一起摘掉这个贫困帽。"

"从那以后，王书记一忙完工作就往俺这儿跑，大到帮俺联系脱贫项目，小到清理雨雪，你说全县的恁多大事他都操不完的心，我家这点小事他咋还记恁清。"说话间，王汉中的眼睛湿润起来，"现在，帮扶企业给俺贫困户每户的两分半蔬菜大棚一年能收入6000多块，公益岗位工资能挣3600块，光伏发电分红2000块，再加上5亩地的收入和平常打零工的收入，俺老两口一年能收入将近2万块钱，咋着也花不完。麻烦你们回去跟书记说说，别老惦记我这个已经脱贫的贫困户啦，让他多拿出时间去管县里的大事吧！"

县长申保卫结对帮扶的孙召镇大马庄村马庄陈志田家张贴上了一张习近平总书记的画像。他说："我们家能有今天，是托党的扶贫政策的福！"申县长自结对帮扶以来，可没少往他家跑，不但给他上大学的儿子争取了奖学金，还给他老伴在村水厂找了个一月能挣2000多元的工作，并出钱帮他在村口建起了一个小卖部。"现在俺这个三口之家，凭借工资和河南牧业经济学院扶持我们每个贫困户100只鸡苗，一年能收入将近5万元。你说，总书记给我们派来的好县长，让俺这些贫困户不但脱了贫，还致了富，我们能不感谢党、感谢总书记吗？"陈志田朴实的话语中满是感激。

为彻底打赢这场脱贫攻坚战，新蔡县各级领导身先士卒，以上率下，在精准上下功夫，在实干上做文章，创造了脱贫攻坚的新蔡模式。

危房清零方面，累计投入 3.66 亿元，完成危房改造 17 830 户，从根本上解决了农村贫困户住房安全问题；实施"六改一增"，让 15 236 户贫困户家庭面貌焕然一新。

农村基础设施方面，新建农村道路 1545.9 公里，完成了 130 个贫困村的饮水安全巩固提升工程和电网改造升级工程。

农村公共服务方面，累计新建村卫生室 76 个、文化活动室 150 个、文化广场 165 个，为 2172 个自然村架设了光纤宽带。

产业扶贫方面，对有发展能力的贫困户，给予每户 1 万元以内的财政扶贫资金扶持，引导其发展种植、养殖、加工业；采取"经营主体＋特色种养业＋贫困户"等帮扶模式，带动贫困户经营创收；全县投入资金 2 亿多元，实施产业扶贫项目 14 277 个，扶持农业产业化龙头企业 6 个，培植产业扶贫基地 350 个，覆盖贫困户 15 982 户 56 042 人，人均年增收 1300 元以上。

务工就业方面，覆盖有劳动力的所有贫困户，依托县、乡、村三级转移就业服务平台，有序引导 10 928 户贫困家庭实现至少有一人转移务工；政府购买保洁、保绿、保安公益岗，安置 16 739 名贫困家庭劳动力就业增收。

扶贫车间方面，全县建起 193 栋扶贫车间，覆盖所有贫困村。扶贫车间引进藤编、服装加工等劳动密集型企业，让贫困户在家门口有活干，有钱赚。

金融扶贫方面，建立了 6000 万元规模的金融扶贫贷款风险补偿基金池，撬动银行加大金融扶贫贷款投放力度，花花牛乳业、麦佳集团等借力金融扶贫资金发展壮大，实现了企业、贫困户和银行多方共赢，这些企业带动全县贫困人口 11 568 户 38 720 人，人均每年稳定增收 1000 元以上。

光伏扶贫方面，全县筹资 4 亿多元，兴建扶贫光伏电站 118 座，并全部并网发电，光伏发电持续稳定收益 20 年以上；全县 130 个贫困村每年每村增加集体经济收入 3 万元以上，惠及全县贫困户 1.02 万人，每年人均分红 1000 元以上。

....

据不完全统计，仅 2016 至 2017 年，新蔡县就整合筹集各项资金 22 个亿以上，为打好脱贫攻坚战提供了有力的资金保障。截至 2017 年底，全县有 31 718 个贫困户 114 446 人如期脱贫。

"县委、县政府自觉提升政治站位，坚持以脱贫攻坚统揽经济社会发展全局，跳出脱贫抓脱贫，以发展促脱贫，以脱贫促发展，走出了一条后发赶超、富民强县的新蔡脱贫之路。"县委书记王兆军说。

干实：千人百村真帮扶

2017 年 9 月 8 日上午，已经进入秋天的新蔡，天气依然炎热如夏。

县一高的体育场上红旗招展，人山人海。县委书记王兆军带领县四大班子及全县 6000 名党员干部举起右手庄严宣誓："决战脱贫，责无旁贷；忠诚履职，为民负责；实干干实，勇于奉献；破釜沉舟，背水一战；坚决打赢脱贫攻坚战！"全县党员干部以咬定脱贫不放松、不破楼兰终不还的气势向党和人民立下军令状，要确保 2017 年如期脱贫摘帽。

晒黑的面庞，朴素的衣裳，骑着电车，背着行囊。如果不是听到有人叫她原书记，眼前这位年近五旬的中年妇女，根本无法使人相信她就是从县交通运输系统选派的驻村明星第一书记原玉荣。

2015 年 9 月，原玉荣被组织选派到李桥回族镇狮子口村担任第一书记。从入村的第一天起，原玉荣就背起双肩包，装上小零食，走东家串西家，摸清全村贫困人口情况，找准致贫原因，理清发展思路，制订脱贫方案，选准致富路子。

时培兵是狮子口村有名的贫困户。他老婆是名精神病患者，家中四个孩子，前三个都是女孩，大女儿在信阳上大学，二女儿在县一高读书，三女儿在孙召镇中学就读。身边最小的儿子是先天性脑瘫患者，10多岁的孩子智力却相当于2岁的娃娃。

"原书记是俺家的老常客，为了俺家能脱贫，她一年不知要跑来多少趟，就连2015年的春节她也是和俺一家一起过的，你看俺家的小花狗见到她就可亲。"说起原玉荣，时培兵就有说不完的话题。

原玉荣在指导帮助时培兵种植蔬菜的同时，还介绍他到建筑工地打工，并利用扶贫政策为他家改造了住房，以至时培兵在外地上学的大女儿寒假回家时竟然怀疑自己走错了家门。

在原玉荣和乡村干部的共同努力下，狮子口村修通了道路，建起了厂房，安装了路灯，种上了花木……

狮子口这个过去的贫穷村如今成了家家有活干、人人有收入、一年四季花似锦、全村处处换新颜的美丽新村。中央电视台著名主持人海霞在狮子口村实地采访后由衷赞叹道："正是有了原书记这样敢啃硬骨头、挑大梁的人，狮子口村才一步一步撕下贫穷标签，走上脱贫致富之路。"

32岁的赵超文是新蔡县二高选派到余店镇二宋庄村的驻村第一书记。驻村期间，赵超文始终把群众当亲人，察民情，解民忧，帮民富，时刻把群众的安危冷暖挂在心上。他扑下身子，苦干实干，多方协调筹措资金，为村里硬化道路，打深水井，建自来水厂，改造电网，切实改善了二宋庄村的基础设施，还帮助村民引种蔬菜果树300多亩，办起2个蔬菜大棚基地和26个养殖场，千方百计帮助贫困群众寻找致富门路，为脱贫攻坚做出了积极贡献，直至将年轻的生命奉献在脱贫攻坚的岗位上，被省委组织部授予"优秀第一书记"光荣称号。

王金锋是孙召乡郎庄村的贫困户，在村党支部书记杨金明的帮助下，他建起大棚种蔬菜，一年卖菜净赚3万多元，不但摘掉了贫困帽，日子还越过越红火。

在郎庄村采访时，提起杨金明，村民们无不夸奖。自杨支书放弃城里的生意回村任职以来，通过多方协调，硬化巷道68条7083米；投资112.8万元，修建村庄下水道2700米；协调资金138.7万元，修建环村生产路3800米，村里实现了水泥路组组通、户户通，安装了52盏太阳能路灯，购置了两辆保洁车和近百个垃圾桶，他在彻底改变这个穷村面貌的同时，还在县乡党委政府的支持下因户施策，因人施策，帮钱帮物，为全村贫困户量身打造脱贫项目，让每个贫困户都能如期脱贫。

"在脱贫攻坚这场没有硝烟的战役中，新蔡县近万名党员干部和各级驻村第一书记、工作队员尽锐出战，用饱满的激情和扎实的作风，深入一线，看真贫，扶真贫，真扶贫。涌现出原玉荣、赵超文等10名'扶贫先锋'和黄楼镇鲁庄村、孙召乡郎庄村等10个'红旗党支部'，县里先后对符合政策和条件的16名第一书记给予提拔重用，将10名'红旗村'党支部书记直接招转为事业单位工作人员，决不让他们流汗再流泪。"县委副书记、县长申保卫说。

发展：千姿百态绽新颜

水杉林立，直冲云端，微风轻抚，湖水荡漾，蝉叫鸟鸣，声声入耳，繁花点点，沁人心扉……虽然正处酷暑，但新蔡县如诗如画的北湖公园，阵阵凉风吹过，还是让人感觉到丝丝凉爽和惬意。

年近八旬的李老伯就住在公园附近，每天围着公园散步健身成了他雷打不动的好习惯。说起家门口的变化，他一连说了三遍"真是不敢相信"。

李老伯说，过去这个地方黄土满地，杂草丛生，晴天风一吹，沙土满天飞，行人根本睁不开眼，要是到了雨天，到处是一片"汪洋大海"，让周围的群众苦不堪言。

2016年以来，该县立足县城三面环水的独特优势，以实施百城建设提质工程和"六城联创"为契机，努力建成生态水城、大美新蔡，精心把新蔡打造成一座布局合理、功能完善、生态优美、宜居宜业、富有活力、特色鲜明的豫东南新兴中心城市。

县委书记王兆军等四大班子领导坚持在项目建设一线现场办公，现场解决实际问题，扎实推进项目建设如期完成。注重发挥督查利剑作用，创新督查督导机制，推行每周挂流动红、绿、黑旗制度，对重点项目实施台账化管理，挂图作战，限期销号。目前，该县投资 61 亿元的水系联通一期工程即将完工，投资 12 亿元的大广高速引线至人民西路景观大道正式通车，投资 17.2 亿元的四条城市环线全面开工建设。一高新校区、明英高中、体育场馆、图书馆等重点项目正在紧张施工。

"蛤蟆地，烂泥田，一天到晚忙不闲，年年难保肚儿圆"是当时顿岗乡班台村的真实写照。县教育局选派的第一书记及工作队入驻后，在局领导的大力支持下，从开渠挖沟、改造良田入手，结合当地地处洪河、汝河交汇处的地理优势，修公路、种桃树，栽荷花，建展馆……硬是将这片昔日的"蛤蟆地"打造成了全国乡村旅游示范村和河南省第一批旅游重点村。

龙口镇政府所在地龙口村，曾因垃圾如山、蚊蝇乱飞被人戏称为"非洲的难民营"，村党支部书记时海宽在镇党委、镇政府的支持下，成立了物业公司，吸收村里的贫困户进入公司务工，不但改变了集镇面貌，让贫困户有了挣钱门路，村集体每年还能收入 20 多万元。村里把在公司挣的钱投入到乡村环境集中整治中，在挖沟修路，大力发展杭白菊向日葵套种、利用水资源优势种藕养鱼等特色农业的同时，重点建设和完善未来循环农业、九龙社区水韵温泉及王楼水庄等项目，龙口村正朝着打造"一村一景"的省级生态文明村的目标昂首迈进！

新蔡县在一手抓脱贫攻坚，一手抓经济发展的同时，统筹城乡发展，百城建设提质工程和开展乡村环境整治工作齐头并进，一举获得国家卫生县城、国家园林县城等殊荣。

新蔡，这个过去饱受水患、贫穷落后的贫困县，如今已经成为风景秀美、人水和谐，宜居、宜业、宜商、宜游的生态水乡，城乡居民拥有更多幸福感和获得感的同时，也为生活在新蔡而自豪！

"'幸福都是奋斗出来的。'奋斗本身就是一种幸福。打赢打好脱贫攻坚战靠奋斗，脱贫致富奔小康更需要不懈奋斗。我们将进一步弘扬奋斗精神，秉持实干理念，不忘初心，牢记使命，团结带领全县百万人民不断创造美好幸福的新生活！"县委书记王兆军对新蔡未来的发展充满信心。

(原载于2018年8月9日《河南日报农村版》)

为有金融活水来
——金融扶贫"卢氏模式"探索实践纪实

□ 刘景华　张海军

在豫西深山区卢氏县五里川镇马耳崖村,有位名叫李刚的中年汉子,他高位截瘫,行动要依靠双拐,儿子因病做了 21 次手术,生活的穷困可想而知。2017 年秋天,在金融扶贫政策的帮助下,李刚凭着顽强的毅力再一次"站"了起来,他利用 5 万元的贴息小额贷款扩建了鸡舍,将养殖的卢氏鸡由 1300 只增加到 5000 只,又养了 3 头母猪,今后每年养鸡和养猪的收入有望超过 10 万元。

金融扶贫犹如阳光雨露,为 4004 平方公里的卢氏山川带来脱贫增收的希望,而金融扶贫"卢氏模式"则是金融精准扶贫的成功探索实践。截至 2017 年 11 月 9 日,卢氏县当年新增扶贫贷款达 9.4 亿元,是 2016 年 8818 万元的 10.7 倍,户贷率从 2016 年底的 7% 左右增长到近 50%,申贷率超过九成。

2017 年 7 月 7 日,全省金融扶贫现场会在卢氏召开,全国金融扶贫卢氏现场观摩会也将于 11 月 15 日至 17 日召开。当年,全国已有 80 多个县(市)来到卢氏实地学习观摩金融扶贫工作。问渠那得清如许?为有金融活水来。

深入调研破瓶颈

卢氏是国家级贫困县、秦巴山片区国家扶贫开发工作重点县和河南省"三山一滩"扶贫开发工作重点县。截至 2017 年 11 月 15 日,全县仍有贫困户 16 301 户 50 628 人,贫困发生率 15.23%,贫困发生率高于 20% 以上的行政村 112 个,占全省十分之一,是我省贫困发生率最高、贫困程度最深的革命老区县。

脱贫增收关键在于发展生产,在此过程中,金融扶贫的重要作用不言而喻。虽然国家小额扶贫信贷政策很好,但贫困群众却普遍感到可望而不可即,金融机构也认为贷款风险大、操作难、成本高、不好办,出现了中央有政策、发展有需求、落地有障碍、基层有焦虑的窘况,金融扶贫政策往往容易搁浅。

经过深入调查研究,卢氏县意识到,要真正使金融扶贫政策落地,关键要破除五大障碍。一是风险怎么防控。资金投向改了,免抵押、免担保贷款,金融机构风险难控。二是信用怎么评定。贷款方式变了,信用贷款的前提是信用,目前缺乏有效的信用信息和信用评价机制。三是服务怎么保障。银行网点少了,全县 8 家金融机构,乡镇只有农商行一家设有服务网点,平均每名信贷员要服务 1000 户 3200 人以上,服务跟不上,群众不满意。四是项目怎么选择。精准要求高了,贫困户一家一户、单打独斗发展产业,抗风险能力差,银行不放心,群众不敢贷。五是成本怎么降低。利率差额小了,能否让银行有钱可赚,直接影响到银行的积极性。

该县认真落实省委副书记、省长陈润儿 2017 年 2 月到卢氏调研时提出的创建金融扶贫试验区指示精神,通过充分调研、反复论证,大胆探索、积极实践,建设"四大体系",破解"五大障碍",形成了政银联动、风险共担、多方参与、合作共赢的扶贫小额贷款落地模式。

四大体系建起来

建设金融服务体系。该县建立三级联动、政银融合金融服务体系，着力解决银行工作人员不足、政银"两张皮"和服务"最后一公里"问题。县中心是"大脑"，负责统筹指挥、协调推动；乡服务站是"身子"，负责上下衔接、组织执行；村服务部是"手脚"，扎根基层，服务群众。全县服务农村的金融机构信贷人员由原先的118人增加到1761人，是原来的14.9倍，金融服务从"没人管"到"多人管""管到底"，从"群众跑断腿"到"只跑一次路"；农户贷款时间也由过去的"少则一半月，多则无限期"到现在的"不出4天，贷款到手"。

建设信用评定体系。实行政府主导、人行推动、多方参与、信息共享，县内各家银行全程参与信用体系建设。同时，与深圳中农信控股集团合作，运用大数据、云计算等科技手段，采集农户信息，开展评级授信，实现共享共认。按照"三好三强""三有三无"的定性标准和13类定量指标对农户进行信息采集，建立覆盖全县的信用信息大数据库，采集率达94.6%，其中贫困户2.31万户，采集率达95%。实行及时、定期、全面更新，让每个农户都有一份信用信息档案。根据不同的分值将农户分为4个信用等级，分别给予5万元至20万元纯信用额度。全县授信农户7.1万户，授信率为82%，其中贫困户1.86万户，授信率为80.6%。

建设产业支撑体系。围绕主导产业选项目，积极培育以果、牧、菌、药、菜等为重点的绿色农业，以农副产品、中药材深加工等为重点的特色工业，以生态旅游和电子商务为重点的现代服务业，对符合发展方向的主导产业项目优先贷款。围绕扶贫项目建机制，探索"龙头企业＋合作社＋农户＋基地"模式，推动产业项目从"小散弱"向"专精深"转变，形成龙头企业带动、合作社组织、农户参与、基地承载的利益联结机制。河南信念集团在卢氏采取"龙头企业＋基地＋合作社＋贫困户和致富能手"五位一体的扶贫模式，已建起174个专业合作社，涉及15个乡镇，已带动上千个贫困户。

建设风险防控体系。县政府设立5000万元的风险补偿金，对贫困户、带贫企业或新型农业经营主体的贷后风险，与合作银行、省农信担保、省担保集团再担保按比例分担，缓释了贷后风险。同时，该县强化守信激励，将金融扶贫与文明建设、诚信建设和基层党建有机融合，对守信者优先配置各种资源和支持政策，让守信者处处受益。此外，建立惩戒约束熔断机制，对行政村贷款不良率超过5%或乡镇30%的村被熔断的，全县所有金融机构停止对该区域授信、贷款。

该县针对不同贷款主体，探索了"四位一体"共担、"政银保"合作、"政银企"互助、"政融保"互惠四种放贷模式，分别解决贫困户、非贫困户、带贫企业、新型农业经营主体的融资需求。该县还积极与国开行等深度合作，融资32.79亿元；与中原农险开展特色农业互助保险；与湘财证券合作，引进、培育上市企业；引入国投创益基金等各类基金投入脱贫产业，已落地3.65亿元。

放大效应显成效

激发内生动力。金融服务体系的建立，架起了"连心桥"，畅通了农户了解政策、争取政策、享受政策的渠道，拓宽了服务内容，真正把"扶穷不扶懒，帮穷不帮懒"政策落到了实处，村党支部感召力显著增强，群众内生动力有效激发，促进了向上向善好风尚的形成。

淳朴文明风尚。建立信用评定体系，晒出了"红黑榜"，广大农户在历史上第一次拥有了信用等级。信贷信用与社会信用的结合，推动形成诚实淳朴、重诺守信、文明礼让、邻里和睦的社会风尚，促进了农村精神文明建设。

提升产业水平。金融扶贫呈现了强劲的撬动、放大效应，广州、深圳、北京、上海等地企业纷纷到卢氏考察，落地亿元以上企业 15 家，总投资额突破 50 亿元。县内新型经营主体由 2016 年底的 386 家增加到 1200 余家，龙头企业达 44 家。同时，催生了科尔沁牛业、昊豫实业、金海生物等种养业，华阳、九拙堂等农产品加工业，豫西大峡谷等生态旅游业。利用扶贫贷款，通过合作经营、劳务增收、订单农业等带贫模式，发展"三产"融合项目，实现产业由小规模、大群体家庭作坊式向规模化、集约化、品牌化跨越式发展，推动产业转型升级。

加强基层党建。充分发挥村党支部的引领作用，安排党员代表到县、乡、村金融服务机构兼职，发挥他们在信息采集、评级授信、信息更新和贷前把关、贷中服务、贷后监管中的作用，实现了基层党建与金融扶贫有机结合。沙河乡果角村探索出"党员＋贫困户＋合作社＋企业"的发展模式，由"党员＋致富能手＋贫困户"组成农民合作社，利用扶贫资金和龙头企业共同发展蔬菜产业，已有 20 名党员组建了 10 个合作社，带动 75 名贫困户，实现了全覆盖。

奋进新时代，实干新征程。卢氏县将以十九大精神为指引，全面深化金融扶贫"四大体系"建设，努力让金融服务体系"活"起来，信用评定体系"准"起来，产业支撑体系"实"起来，风险防控体系"硬"起来，让滚滚而来的金融活水浇灌出产业发展花艳果硕、芳香四溢！

（原载于 2017 年 11 月 15 日《河南日报农村版》）

上蔡：托养中心为重度残疾人减负

□ 黄华

"有啥别有病，没啥别没钱！"以前，一家人中一旦出现一个重大疾病患者，这个家庭将被拖入贫困的泥潭。如何解决重度残疾人家庭的脱贫问题，一直是困扰各级政府的难题。

上蔡县在试点先行、示范带动的基础上，已在全县建成乡村托老中心16座，解决了257名重度残疾人的扶贫助残大问题，为重度残疾人家庭脱贫解困工作做出了有益的尝试和探索。全国政协副主席陈晓光在上蔡专题调研脱贫攻坚工作时，称赞集中供养这个模式非常好，可以说是"小中心解决了大问题"。

重度残疾人集中托养

"扶紧把手，轻抬脚，就这样慢慢往前走……"2017年12月6日，在上蔡县大路李乡栗庄重度残疾人集中托养中心康复室，66岁的偏瘫患者牛志长正在村医务室专业医生陈清的指导下使用平衡杠练习走路。

牛志长是栗庄村毕庄村民组村民，闺女远嫁他乡，他和67岁的老伴刀新莲在家守着5亩责任田，日子还算过得去。2015年，突如其来的一场大病改变了老牛的命运，虽经闺女举债为其看病，但最终还是落下了偏瘫。

"那段日子别提多难熬啦，他躺在床上不能动，我想给他翻个身也没恁大劲，眼看着老头子在床上受罪。"刀新莲说，"没想到村里办了这个托养中心，村干部说俺家是贫困户，老头子能在这托养不说，还让我到这儿当护工，在照料俺家老牛的同时，帮忙照顾同病房的聂志平，政府每月给我发2000元工钱。"

在这间不大的康复室内，除了牛志长正在使用的平衡杠外，还摆放着按摩器、液压踏步训练器、下肢功率车等器械。"这些器械对患者的康复训练非常有针对性，你看，老牛刚来中心时都起不了床，通过这一段的训练，他的腿慢慢能使劲啦。"村医陈清说。

康复室的对面就是重症患者的住室，干净的住室内摆放着3张床位，室内还安装了液晶电视和冷暖空调，54岁的护工黄翠英正在给78岁的姜大妮喂茶水。

黄翠英是大路李乡孟庄村张庄村民组村民，2013年，小她两岁的丈夫聂华堂买辆货车跑运输，正上高中的儿子眼看就要参加高考，一家人的小日子过得其乐融融。天有不测风云，就在儿子参加高考的前夕，聂华堂在一起车祸中成了植物人。

"当时的感觉就像天塌了一样。"黄翠英说，"看病花光了家里所有的积蓄，他天天躺在床上没知觉，吃饭得用针管往里打，每天忙着照顾他，饭我都顾不上做，在家我是整日以泪洗面。"

看到妈妈照顾爸爸这么辛苦，自己还要靠贷款上学，2015年，正在宁夏读大二的儿子提出要退学打工养家。儿子是黄翠英的唯一希望，自己再苦再难，也要让儿子念完大学，在黄翠英的一再劝说下，儿子才打消了退学的念头。

2016年7月份，栗庄村托养中心刚一成立，经过县乡村的严格考核，聂华堂成了第一批入住的重度残疾人，黄翠英也被吸收为该中心的护工。

"现在好多啦，住在这里，每天都有医生查房，每月千把块钱的药费也是由政府负担，我现在每月还拿2000元的工资。"黄翠英说。

驻马店推广上蔡经验

栗庄村驻村第一书记刘鹏亲自参与了村托养中心的创办全过程,他说,托养中心的每位护工和厨师都是从村里的建档立卡户中挑选出来的,在这里,除了吃住,政府每月还给他们发2000元工资,一个人在这工作,一家人就能达到脱贫的目标。

对于入住的重度残疾人员,刘鹏说,这里的每一位托养对象也必须是栗庄或附近村建档立卡的贫困户,二级及以上智力、肢体残疾,且没有生活自理能力、家庭无力照料或照料困难的人员,按照户申请、村申报、乡审批、县备案的原则进行筛选确定。

在托养资金保障上,上蔡县采取县级财政列支一部分,相关部门整合一部分,集体经济投入一部分,社会各界捐赠一部分,以上级整合资金和社会各界捐助为主,政府及部门投入为辅的办法,积极引导社会组织和经济组织参与慈善,奉献爱心,为托养中心日常运行提供支持。

2017年11月2日,驻马店市在上蔡召开全市脱贫攻坚工作推进暨重度残疾人集中托养现场会,决定在全市推广集中托养上蔡经验。驻马店市委书记陈星说:"残疾人家庭尤其是重度残疾人家庭致贫原因复杂,贫困程度深,脱贫难度大,是脱贫攻坚工作中的重点和难点。做好贫困家庭重度残疾人集中托养工作是学习贯彻党的十九大精神和习近平总书记重要讲话精神的具体行动,要努力实现驻马店市所有贫困家庭重度残疾人都有机构集中托养,确保所有重度残疾人贫困家庭如期实现稳定脱贫。"

(原载于2017年12月12日《河南日报农村版》)

太康县:"五养模式"全覆盖 特困老人享晚年

□ 巴富强 郜敏

"是孙女和儿媳一起把我接回家的,和儿媳住在一起,有吃有喝,再也不用操做饭的心啦!"2019年初的一天,太康县老冢镇三王行政村的陈月芹老人说起眼下的生活,脸上流露出幸福的笑容。陈月芹老人是太康县正在开展的"红领巾接爷爷奶奶回家"活动的受益者。

2018年末至2019年初,太康县开展的"红领巾接爷爷奶奶回家"活动,成为冬日一道亮丽的风景。这是太康县实施"五养模式"助推亲情赡养,让特困老人安享晚年的又一创新举措。

太康县是一个拥有150多万人口的农业大县,被国家划入大别山片区贫困县。长期以来,原有的乡镇敬老院年久失修,管理不善,特困人员进不来,留不住。农村鳏寡孤独残特困老人的脱贫和养老问题,是越来越难啃的硬骨头。为破解农村特困人员脱贫和救助供养难题,太康县进行大胆探索和尝试,在全县范围内创新实施集中供养、社会托养、居村联养、亲情赡养、邻里助养"五养模式",开创农村特困人员兜底脱贫和养老新路径,真正达到每一位特困老人"困有所养,应养尽养"。

正如太康人所说:"特困老人,总有一种养老模式适合你。"截至2018年底,全县共改造建设19所乡镇敬老院、1所社会福利院、27所医养结合的社会托养机构、95个居村联养点。全县特困人员实现"五养模式"全覆盖。

集中供养，提升规范化服务和管理水平。太康县投资2600万元，对现有16个乡镇敬老院实施升级改造，把3个乡镇的闲置学校改建成敬老院，配齐基本供养设施，进行美化、亮化、绿化，扩大接纳容量。敬老院工作人员持证上岗，工资纳入县财政预算。建立健全了各项管理制度，为老人提供规范化、周到化、细微化服务，提高集中供养率和特困老人满意度。

社会托养，实现居住医疗养老完美结合。为了能给失能、半失能特困人员提供治疗期住院、康复期护理、稳定期生活照料以及临终关怀一体化的健康养老服务，太康县选择永兴医院等六所医疗机构作为医养结合托养试点。特困人员供养经费享受公办敬老院同等政策待遇，特困人员医保费用、供水、供电、供气、供暖、通信等方面落实相关优惠政策。太康县社会托养举措得到社会各界的广泛支持。太康县高贤乡"中国好人"陈国厂把自己筹资600万元建设的医疗护理型养老院捐给了乡政府，而他和家人还住着漏雨的破旧平房。

居村联养，圆了特困老人在家门口安享晚年的梦想。针对难舍故土又无亲人赡养的特困人员，太康县将村中闲置庭院、废弃村室和校舍等改建为居村联养点，明确村"两委"一名成员主管，按照特困人员集中供养政策配备工作人员，负责照顾供养对象日常生活、及时送医救治等工作。目前，该模式已在全县23个乡镇的95个贫困村推广试行，1813名特困老人入住居村联养点。

亲情赡养，打通人性回归"最后一公里"。太康县以村新风协会为载体，采取入户座谈等形式，与特困独居老人的亲属谈心，引导他们弘扬孝道，承担赡养义务，经双方自愿，村民代表大会公认，签订亲情赡养协议，进行司法公证、村内公示后，将老人接回家中合锅同住，村新风协会跟踪监督。亲情赡养"吹开"和谐花。在榜样的带动下，太康县掀起了争、比接父母（亲人）回家热潮。太康县各中小学创新开展"红领巾接爷爷奶奶回家"活动，凝聚起向上向善、孝老爱亲的正能量。截至2018年底，全县累计接亲人回家10 155人。

　　邻里助养，让特困老人在家中享受到关爱和温暖。在大力提倡亲情赡养的同时，太康县充分发挥农村党支部的引领作用，采取政府补贴、志愿服务、开发公益性岗位等形式，组织有爱心、年龄不超过55周岁的贫困人员，在双方自愿的前提下，为特困人员提供洗衣做饭、打扫卫生等日间照料，村委会每月给帮扶人员发放500元助养补贴。至2018年底，已有154名特困老人在助养人的帮助下过上了幸福生活。

　　大爱有行，至善无疆。"五养模式"实现了贫困老人老有所养，老有所学，老有所乐，病有所医，弱有所扶，有效破解了农村特困人员的脱贫和养老难题。以此为载体，传承了孝善文化，弘扬了中华民族尊老、敬老、爱老、孝老的传统美德，推动了乡风文明提升，密切了党群干群关系。

（原载于2019年1月28日《河南日报农村版》）

宁陵县桃园关村：黄河故道新农村

□ 杨远高

宁陵县柳河镇桃园关村北靠黄河故堤，明朝时此处设有巡检司，是过往黄河的重要关隘，因当时村民多种桃树，故名桃园关村。

数十年来，桃园关村都是以种植小麦、玉米、花生为主，经济基础十分薄弱，不仅是典型农业种植村，还是国家级贫困村。全村总人口756户2762人，耕地面积3700亩。2015年，全村有贫困户94户228人。

脱贫攻坚工作开展以来，在各级政府的扶持下，该村制订了产业扶贫发展思路。2016年，该村发展种植映霜红冬桃3000亩，家家户户种植冬桃，镇政府不仅免费提供桃树苗，还聘请了果树专家进行技术指导。2011年，桃树陆续挂果，每亩纯收入8000余元。2017年，引进新建300千瓦的光伏发电站一座，年收入23万元，给48户建档立卡贫困户每人每年分红1200元；当年，还引进河南中乾实业有限公司，成立扶贫车间，生产箱包、布鞋、餐具套，共安置贫困户126人，其中本村61人。与此同时，该村还引进河南牧原牧业有限公司，建起占地500亩、年出栏20万头的生猪养殖场，贫困户除了可以获得每亩每年1200元租金收益外，还以国家给的小额贷款入股，参与分红。

桃园关扶贫车间女工在生产餐具套

如今的桃园关村不仅新建了党群服务中心、文化室、卫生室、文化广场，还硬化了村中道路 12 公里，户户通上了自来水，村容村貌焕然一新。

在党和政府的关怀支持及全体村民的共同努力下，桃园关村已于 2019 年 5 月整村脱贫，贫困户年人均纯收入达 6000 余元。

桃园关村党支部书记郑天华欣喜地说："2020 年，这 3000 亩冬桃将进入盛果期，每亩纯收入不会低于两万元。我们还要依托黄河故道的地理优势，大力兴办桃花节、采摘节、农家乐，努力把桃园关村发展成远近闻名的旅游村、黄河故道的幸福村！"

整洁亮丽的桃园关村村口

（原载于 2020 年 1 月 6 日《河南日报农村版》）

宜阳县：让党旗飘扬在脱贫路上

□ 黄红立　张珂　田义伟

进入冬季，万木萧疏。洛阳市宜阳县每一个村庄，村党支部大院里高高矗立的党徽都格外耀眼醒目。"让党徽不仅亮在乡村，还要亮在百姓心上，更要闪亮在群众的致富路上，这是宜阳县矢志探索的课题。"该县县委常委、组织部长李涛告诉记者。

2018年，按照洛阳市委"河洛党建计划"全面进步年工作要求，宜阳县紧紧围绕"全面进步"谋思路、抓落实，实施"基层党建全面进步行动"，建设"党建书屋"和"三新"讲习所两个平台，围绕"班子、队伍、阵地、机制"等课题，谋求农村党组织有新作为，党员作用发挥有新气象，村级党建阵地有新面貌，责任落实有新突破，各领域党建工作有新提升。

党建"红色引擎"激发脱贫动力

"儿子外出打工挣钱了，俺养的牛也该卖了，到年底还有分红，今后的日子越想越开心！"在宜阳县盐镇乡李寨村，刚拿到村支部牛场3000元分红的贫困户陈守杰，喜悦之情溢于言表。"考虑到俺村养牛户多的优势，就领着大家建了牛场，效益还不错，俺村已经全部脱贫了。"村支书王少杰说。

自脱贫攻坚战打响以来，像陈守杰一样实现精准脱贫的群众还有很多。

农村的贫困，贫在没有产业，困在支部不强。宜阳县认真为贫困村班子"看病",分类施治开"药方"。结合整村(社区)"两委"换届工作,该县按照"有理想信念和奉献精神,把路子带对;有经济头脑和致富本领,把发展带好;有良好品行和公道之心,把风气带正"的"三有三带"要求,配齐配强村级集体班子,矢志打造"党员有担当,支部能战斗"的"支部+基地+贫困户"组合模式,走出一条"支部跟着脱贫走,贫困户跟着党员走"的"党建+产业"扶贫新路径。

脱贫一线激战酣。247名驻村第一书记吃住在村,聚力脱贫;229个帮扶工作队扎根一线,5024名党员干部职工与贫困户结成帮扶对子,一包到底,群众不脱贫,干部不脱钩。

韩城镇朱家沟村驻村第一书记程玉国带领干群把穷山沟变成了米粮川;莲庄镇草场村驻村第一书记杨晓辉引进肉鸽养殖项目,带动49户贫困户300人增收脱贫;驻村第一书记陈向斌,带领村民在"十年九旱靠天收"的柳泉高窑村发展花椒种植、艾叶加工、手工编织等,蹚出一条富民路……

宜阳县扶贫办负责人向记者介绍:"2018年,我县已批复产业扶贫项目172个,总投资1.62亿元,工程已全部竣工,带动贫困人口23 245人;建成扶贫车间126个,安置贫困群众就业2598人;全县贫困户产业措施覆盖率达到92.57%,产业叠加度1.96;实现转移就业18 592人次,贫困户劳动力转移率75.54%。"

党徽照亮乡村振兴路

支部要起作用,农村党员得唱"主角"。面对农村党员发展难、管理难问题,宜阳县坚持在结构上优化,在空间上调整,在措施上跟进,加大贫困村党员发展力度,贫困村和连续两年不发展党员村实现清零。

该县探索推行"两分两选三公开"工作法,按照党员个人基本情况分类，按照党员所居住的区域分区，按照党员生活区域，由党员自主选择联系群众。同时，结合自身特点，自主选择服务岗位。通过统一悬挂"共产党员户"牌子，制作公示展板，在主要街道设置公示栏等形式，公开党员的基本信息、服务承诺、监督电话。

选出好党员还不够，怎么管理才是重头戏。该县改变过去政治学习说教式的传统套路，把新媒体传播的优势与党组织建设相结合，利用微党课比赛推进"两学一做"学习教育常态化、制度化，落实"三会一课"制度，不断提升全县党组织的政治理论和党性修养水平。

同时，该县还大力开展了"百堂党课走进党员 百场宣讲走进基层"活动，县级领导带头讲示范党课，县直单位及乡镇负责人讲专题党课；开展"千名干部走进党校 千名党员走进课堂"活动，利用县、乡党校，以"能力素质大讲堂"和"三农讲堂"为抓手，为农村党员干部在县内开展以"三会一课"、扶贫等为主要内容的情景式教学，并依托"党员读书会"和讲习活动，结合"党员主题日""三会一课"等，组织全县党员干部学习党章党规党史，深入学习贯彻习近平新时代中国特色社会主义思想，推动党的队伍更好发挥示范引领作用，让党员成为发展的主心骨。

截至 2018 年 11 月 27 日，全县已培训农村党员 1.4 万人次，村"两委"干部、驻村第一书记 4000 余人次；开展党员读书会活动 2678 次，参与党员 16 890 人次；组建讲师队伍 3631 人，开展讲习活动 2133 次，参与党员、群众 27 239 人次。

集中大评比"逼"出精气神

曾经为集体经济空白村的宋村，如今拥有光伏发电、扶贫车间、企业入股、食用菌基地等多项集体分红，年收入近 10 万元；沙坡村集聚各方力量筹建光伏电站，实现各项年集体收入 20 余万元……樊村镇各村集体经济势如破竹，方兴未艾。来自宜阳县各乡镇、各单位的观摩组来樊村镇观摩现场，认真聆听该镇党委发展壮大村集体经济的做法。

2018年，宜阳县启动"逐领域观摩，全领域进步"活动，组建了四支"观摩大军"，分赴16个乡镇和28个县直单位，全面开展"逐领域观摩，全领域进步"活动，对基层党建工作进行集中大检验，大亮相，大评比。通过观摩找差距，定位次，促提升，推动"河洛党建计划"全面进步年各项重点任务在基层全面落实。

在乡镇，观摩活动以"一听二看三查四评"的方式进行，不仅听其"口头说"，更要看其"行其果"，不仅查其"佐证资料"，还要评其"短板软肋"。

"听汇报"环节，听取抓党建促脱贫攻坚、村"两委"换届选举、党群服务中心规范化建设等工作开展情况，未来三年班子建设、党员队伍管理、美丽乡村建设等工作；"看成效"环节，评分人员现场询问，乡村书记现场答复，不仅看"是否干了"，而且看"是否干好"；"查资料"环节，找问题不仅"实"，而且要"准"，从资料中查找问题的蛛丝马迹、基层工作的"偏远角落"；"严点评"环节，当场公布成绩，指出问题，明确整改期限。

同时，该县还在县直单位层面开展了"逐单位观摩，全方位进步"活动，推动机关党组织之间交流学习，着力解决机关党建"灯下黑"问题。

讲习+书屋唱响党建"好声音"

"以前想种食用菌，但自己不懂技术，不知道咋种咋卖，今天听了李书记的讲习，俺懂了好多。接下来准备加大菌包购买量。"在宜阳县樊村镇宋村，香菇种植专业户们又听了一场食用菌种植及管理专题讲习。村民们说的李书记，是洛阳市中级人民法院派驻该村第一书记李磊。

抓党建促发展，基层阵地是主要练兵场。2018年，该县着重实施"党建书屋"和"三新"讲习所建设，实现353个行政村全覆盖，为党群备足"红色粮仓"，凝聚起加快推动经济社会发展的磅礴力量。

村级党组织依托党群服务中心、党员活动室、远程教育阵地、党代表工作室、党群文化广场、农家书屋、村小剧场、道德讲堂等场所，建设实用型新时代"三新"讲习所；县直单位或建设单独型新时代"三新"讲习所，或结合中心组学习场所、党员活动室、会议室、道德讲堂等，建设融合型新时代"三新"讲习所，多个共用办公场所的单位，建设共享型新时代"三新"讲习所。

怎样使讲习所更加接地气？宜阳县将乡镇两大员、党校讲师、县人才专家、第一书记、村干部、文化名人等10类人员作为主要讲师，每个讲习所至少安排12名稳定的讲师，并结合党建书屋"党员读书会"，由各基层党组织选拔一名党员，充实进讲师队伍。目前，全县共有"三新"讲习所讲师2631人，为基层建立起一支"带不走"的宣讲队伍。

怎样让讲习所成为开启民智、凝聚民心、发挥民力、推动民富的源泉？该县制订了贴近农民实际的讲习方案，紧紧围绕党的十九大精神和政策理论、道德文化、乡村振兴等内容，组织骨干队伍成立了流动讲习所，将讲习活动办到田间地头、劳动一线、居民楼院。用群众喜闻乐见的方式，由支部书记、支部委员讲政策，党员群众谈收获，在听他人讲的同时让群众自己讲，让党的十九大精神和科技文化知识真正入脑入心。同时，网络讲习所利用远程教育、智慧党建、微信等方式，使讲习活动更灵活，更便捷。

该县还创造性地将党建书屋开展的"党员读书会"和"三新"讲习所讲习活动联系起来，发挥"一加一大于二"的叠加功效。截至2018年11月下旬，全县各级党组织、各单位已开展集中学习1000余次，撰写读书心得体会5000余篇；开展专题讨论539次，受教育党员群众达10余万人次；参与分享图书3536本，创建微信学习群100余个。

"党建强，产业兴。我们要牢固树立'把抓好党建作为最大的政绩'理念，把党建工作融入脱贫攻坚的各方面、全过程。"谈到党建工作，宜阳县委主要负责同志说，我们要以新担当展现新作为，着力推动经济发展高质量和党的建设高质量，尽快实现脱贫致富奔小康的目标，在中原更加出彩的洛阳篇章中添上宜阳县重重的一笔！

（原载于 2018 年 11 月 27 日《河南日报农村版》）

滑县：精准脱贫同圆奔小康致富梦

□ 秦志杰　温联群　尚明达　栾杰

滑县曾是国家级贫困县，2017年10月宣布脱贫摘帽，成为全国率先脱贫摘帽的28个贫困县之一。两年过去了，滑县如今都发生了怎样的变化呢？

贫困群众富了

"2017年，我们所有贫困户人均年收入算下来是7140元，到2018年底统计，贫困户的人均年收入已经达到了9320元。"滑县扶贫办主任韩红斌说。

收入增加了2000多元，主要靠的是什么？脱贫摘帽后的滑县丝毫不懈怠，不松劲，不解甲，坚持"摘帽不摘责任，摘帽不摘政策，摘帽不摘帮扶，摘帽不摘监管"，建立健全长效帮扶机制，下足"绣花"真功夫，在"精、准、细"字上深耕细作，用好、用足、用活扶贫政策，持续发力巩固脱贫攻坚成果。

2014年以来，滑县共脱贫12.6万多人，贫困发生率由2014年的10.1%下降到了0.81%。如今，越来越多的贫困户摆脱了贫困，拔掉了穷根，浇开了小康路上的幸福花。

产业根基牢了

"公司创新实行'总部+卫星工厂'的经营扶贫模式,把标准化服装加工厂建在农村的人口密集区,让那些上有老下有小、家里有耕地、不能外出打工的农村适龄妇女不出村就能实现就业。"滑县金泰服装有限公司经理邵德民说。

据了解,金泰制衣建成"卫星工厂"23个,累计带动农户547人脱贫。目前,波司登、达兴、金岛、允硕、易凯针织等一批纺织服装企业相继落户,仅产业集聚区就有纺织服装加工企业14家,纺织工人6000余人,2018年实现产值9亿元。

近年来,滑县立足农业大县、畜牧大县、人口大县的县情,依托传统农区的资源优势,以产业扶贫规划为引领,围绕"县有带贫龙头企业,乡有扶贫产业园区,村有产业扶贫基地,户有增收致富门路"的目标,培育壮大扶贫产业,增强"造血"功能,通过龙头企业带贫、产业园区扶贫、基地就业帮贫等举措,筑牢产业扶贫根基。

组织堡垒强了

"作为一名党员,能为父老乡亲做点事,我感到非常自豪。"张东瑞说。2016年,该县城关街道谢庄村党员张东瑞返乡创业,投资300余万元建起了服装加工厂,安排120余人就近就业,带动贫困户18户,每年还拿出3万元帮扶贫困户,充分发挥了党员在脱贫攻坚中的先锋模范作用。

滑县注重基层党建与脱贫攻坚的深度融合,充分发挥基层党组织的战斗堡垒作用和党员先锋模范作用,以"党建+"促进精准扶贫,在脱贫攻坚一线让党旗飘起来、党组织牌子挂起来、党员站出来,把党的基层组织优势变成扶贫优势,把组织活力化为攻坚动力,实现了基层党建与经济发展互动双赢，推动了扶贫工作向纵深发展。

内生动力足了

心热了，劲头就足了。"这几年，扶贫扶到了群众的心坎上，'等靠要'过紧巴生活的少了，谋思路靠双手过上好日子的多了。给钱给物不如给个好思路，思想不脱贫就斩不断穷根……"谈到扶贫，白道口镇石佛村党支部书记李朝民深有感触。

近年来，滑县以"志智双扶"为基础，开展"推进移风易俗，树立文明新风""好儿子孝儿媳好闺女孝女婿"评选活动，探索孝善养老机制和爱心超市试点工作，引导贫困群众树立自我脱贫意识，激发脱贫致富内生动力；依托"送戏下乡""百姓宣讲直通车""红色文艺轻骑兵"等载体，引导教育贫困群众通过勤劳双手脱贫致富；通过转移就业培训、实用技术培训和致富带头人培训等，提高贫困人口技能水平和自我发展能力；设立导向性扶持政策，采取生产奖补、劳务补助、庭院经济奖补等方式，鼓励引导贫困户自主发展生产，改善庭院环境，拓宽增收渠道。同时，开发扶贫公益岗位，设立保洁员、护林员、村级协管员等三大类7种岗位，带动6334名贫困人口就业。

如今，在滑县看到的是村子靓、群众勤、产业兴、生活美，有人起早贪黑，有人勇闯新路，大家都是追梦人，正努力朝着全面小康的目标奋力奔跑。

（原载于2019年11月6日《河南日报农村版》）

祥符区：产业兴起来，农民富起来

□ 董伦峰　赵儒学

当下祥符，生动而精彩。

"木式的小屋，大方的落地窗，房前屋后有鲜花、鱼池、栅栏，民宿群展示出一派美好的田园风情，非常适合团建或者家庭游。"2019年9月12日，全省"三散"治理工作现场会观摩团来到开封市祥符区西姜寨村，参会人员不住地对当地宜人环境发出感慨。"农田成了风景，农村成了景区，生活在这里，一点儿也不比城市差！"这是来过西姜寨的游客们共同的感受。

如今，步入祥符区的乡间村落，平坦的水泥路向远处的村庄延伸，一座座农家居所在绿化苗木掩隐下熠熠生辉，一片片农田沃野飘香，"开"遍全国各地的万亩菊园令人大饱眼福……

视野所及，行之所至，黄发垂髫共话桑麻，怡然自得。曾经灰头土脸的小乡村，抖落了满身尘埃，呈现出一幅生产发展、环境优美、乡风淳朴的图景。

祥符区委书记李军说，祥符区撤县设区以来，始终以习近平总书记视察指导河南及开封时的重要讲话为根本遵循，坚持"四个着力"，全力打好"四张牌"，推动区域治理"三起来"，做到乡镇工作"三结合"，围绕"三组、三带、三链"总思路，走稳走准高质量发展的路子，实现了产业兴、乡村美、农民富。

转型创新农业插上腾飞翅膀

祥符区是一个典型的农业大区，总人口 82 万，总面积 1302 平方公里。为实现全面建成小康社会目标，提高农民群众的获得感、幸福感，近年来，该区立足于农，加大投入夯实农业生产条件，把发展工业的思维和理念"移植"到现代农业发展中，推动土地经营的规模化、集约化、高效化；按照"政府引导、产业带动、农民自愿、市场调节、依法规范、有序流转、规模经营"的总要求，全力做好土地流转这篇大文章。

该区刘店乡地处黄河滩区，当地农民过去常年在黄土地里刨口粮，种植结构单一，广种薄收，种地对农民来说，仅能维持温饱，想让土里"生金"，难。

咋能让老百姓过上好日子？眼瞅着开封市菊花产业做得风生水起，刘店乡党委、乡政府把目光瞄向了时下最火的万寿菊。黄河滩区地势平坦、土质疏松、水资源丰富，种植万寿菊有天然优势。开封捷怡农业科技有限公司（以下简称捷怡公司）正是看中了刘店乡的这些优势，双方一拍即合。

2018 年以来，刘店乡流转 1.2 万亩土地打造万亩万寿菊扶贫基地项目，并以村为单位成立 14 个农民种植合作社，以"公司＋合作社＋农户"模式运营。捷怡公司负责提供种苗，回收菊花，进行技术指导；农民合作社负责土地租赁、菊花种植与采摘。项目区内的 4 个村共有贫困户 372 户，全部参与了此次土地流转，以土地入股，每亩地每年分红不低于 800 元。另外，贫困户通过入股金融扶贫贷款资金建设的育苗温室大棚，每户每年分红 3000 元。

不仅如此，到万亩万寿菊扶贫基地摘花还能挣钱。十里八村的村民空闲时间纷纷赶来摘菊花，一天能挣 100 元左右。万亩万寿菊扶贫基地需要 4000 人采摘作业 5 个月，预计每人每年可增加收入 5000 多元。

菊花摘下来，如何深加工？在祥符区黄龙产业集聚区捷怡公司的生产线上，新鲜的万寿菊正被制成叶黄素膏。该公司负责人于怡然说："万寿菊花蕾中含有的天然叶黄素有'植物软黄金'的美誉。每吨叶黄素膏在国际市场的价格约为14万元，我们生产的叶黄素膏出口到墨西哥、澳大利亚等国家，效益十分可观。"

除了叶黄素膏，万寿菊还可以被制成菊花茶、叶黄素饮料等。围绕万寿菊深加工，刘店乡积极延伸产业链，带动农民增收致富。

万寿菊花期长，不仅经济价值高，还有极大的观赏价值。祥符区借助沿黄生态带建设机遇，计划在未来2—3年内，将万寿菊种植规模扩大到10万亩，打造集休闲、采摘、餐饮于一体的生态旅游业。

让故乡的聚宝盆早生"金"。作为20世纪末每年有近20万人外出务工的劳务输出大区，祥符区抓住早期外出的农民工年龄增大、有一定经济积累的情况，采取主要负责人带队，深入农民工输入地摸清情况，宣传家乡优惠政策，帮助解决在回乡创业过程中遇到的困难和问题，千方百计吸引他们返乡领办、创办项目，积极引导有实力的农民工回乡创业。

半坡店乡石碑湾村陈书峰，2001年大学毕业后，去了国内一家饲料公司郑州分公司做技术服务，一做就是8年，从技术员做到了技术总监，从起初的每月800多元工资到年薪20多万元。

2016年在家乡政府的感召下，他回老家成立了木易牧业公司。从最初的260头奶牛、日产鲜奶4吨，到如今的奶牛存栏1086头、日产鲜奶18吨、肉牛存栏800余头。

2017年10月，经乡党委、乡政府充分协调，木易牧业公司利用国家到户增收资金，与全乡414户贫困户签订奶牛代养协议：利用每户5000元的到户增收资金给贫困户分红，每季度分红一次，每户每年分红不低于1000元。

"这个协议意义重大。"该乡党委书记王兆峰表示，"一年半时间，木易牧业公司已经为协议贫困户分红100万元。"

陈书峰的家乡扶贫计划更是远大：2019年实现全乡贫困户全覆盖，到2020年，员工规模超过230人，让更多的贫困户在公司就业。

养牛3年的陈书峰把产业链越拉越长：2017年，公司开了15家鲜奶吧直营店，遍布开封市区；利用牛粪做有机肥，又建了29座温室大棚，种植各种蔬菜和种苗，每个大棚年收益达5万元。到明年，将建立一座四星级休闲农业庄园，有大棚、民宿，可采摘，能垂钓……

截至2018年，祥符区农村土地流转面积29.39万亩，其中合作社以贫困户土地托管模式已发展托管土地4000余亩，合作社给贫困户土地托管费均在每亩800元以上，切实保障了贫困户稳定增收。

绿色发展推动农业提质增效

近年来，祥符区坚持以质量兴农，突出优质、安全、绿色导向，突出农业绿色化、优质化、特色化、品牌化、集约化生产模式，大力发展无公害、绿色和有机农产品，使一批精品农业蓬勃兴起。目前，已建成优质小麦、汴梁西瓜、花生、胡萝卜、黄河水稻、蔬菜、食用菌生产基地，一批农副产品还注册了商标；通过资金协调、"科技联姻"，为农民提供产、供、销一条龙服务，大力发展农民经济合作组织，用经纪人的信息反馈向农民传播新知识、新技术，推广适销对路的农产品。

陈留镇四妮特菜基地被开封市确定为无公害设施蔬菜科技扶贫示范基地，在第二届中国创翼青年创新创业大赛中获得银翼奖。

"一茬大棚快菜25天即可成熟，行情好时，通过网络平台销售到省内外超市，收入很可观。"四妮特菜种植合作社负责人刘前进说。

四妮特菜基地是开封市科技扶贫示范基地，快菜种植项目被列入河南省"四优四化"科技支撑行动计划。该基地种植的鸭儿芹（三叶香）、黑番茄、冰草、意大利茴香球、宝塔菜花等，都是特种蔬菜新品种。周边群众看到四妮特菜基地种植的稀罕菜卖上了好价钱，纷纷前来取经。如今，四妮特菜种植合作社为祥符区八里湾镇、兴隆乡和通许县竖岗镇等种植户提供蔬菜种子和技术指导，直接带动种植户200户，增加从业人员100余人，实现10户贫困户脱贫。

万隆乡田庄村群众采取"统一供种，统一施有机肥，统一物理治虫"模式种植的5000多亩花生，经多方认证为有机花生，被引资企业富兰格生物工程（开封）有限公司定为原材料生产基地。年产100万公斤的有机花生，可加工花生油25万公斤，产品销往欧盟和阿联酋、新加坡等国家，使农民年增收150万元以上。

目前，祥符区正在扶持富兰格公司以"祥符红"新品为主，延伸开发花生系列高附加值产品，着力将"开封县花生"打造培育成知名品牌和知名跨境电商品牌。

发展现代农业，离不开品牌支撑。祥符区对照国际标准、国家标准和行业标准，先后建立健全了农产品质量检测体系，各类新型农业经营主体严格按照标准组织生产，在提升农产品品质上下功夫，争创优质农产品品牌。

如今，陈留镇"四妮"特菜、袁坊乡"薯你好"红薯、范村乡"嘴啦啦"花生、万隆乡"薯香门第"紫薯等已是全省知名品牌，"开封县花生"获国家农产品地理标志登记保护。

祥符区把壮大农村经纪人队伍作为撬动农村经济"金杆杆"来抓。通过培训、召开座谈会等措施，提高了全区6000多名专业经纪人的高"经纪"质量。仇楼镇经纪人马明亮筹资200万元建成库容量3000吨的冷库，瞄准国内市场做蔬菜购销生意。他和200多户农民签了订单，收购大蒜、胡萝卜和菜花。这些蔬菜反季节销售，不仅在长沙、株洲、武汉等城市的超市中俏销，而且通过客商出口到欧洲和东南亚的一些国家。

以群众增收增效为核心，祥符区坚持以"互联网＋"为平台，以绿色特色农副产品为依托，确立了"政府扶持、搭建平台，市场主导、整合资源，突出特色、典型引路，社会参与、循序渐进"的"电商+产业"发展思路，于2016年9月建成电子商务产业园，先后改扩建了阿里巴巴集团农村淘宝祥符区服务中心办公楼、智能化仓配中心、O2O线上线下一体化体验中心、云书网中转库、公司办公用房等设施，融电商企业、网商孵化、政务服务、物流、培训、中介服务等各种功能为一体，各项功能日趋完善，成为开封市电商园区的示范项目。

"之前一直发愁红薯种出来没销路，没想到大热天不用去大市场，红薯就能卖到全国各地，还能卖个好价钱。"范村乡杨楼村建档立卡贫困户陈好学提起网上卖红薯喜笑颜开。半个月前，陈好学种的沙地红薯喜获丰收，6000多斤红薯在地头被电商公司直接装车结算，经过分拣、包装后快递给外地买家。按照河南省田誉利电子商务有限公司和陈好学签订的红薯收购协议，陈好学网销红薯每斤要比市场价高出3分钱。2019年6月份以来，该公司已网销范村乡红薯200多万斤，对贫困户种的红薯均以略高出市场价进行收购。

高质量的农产品也得到国外客户的青睐。据统计，祥符区有300多种农副产品及加工产品出口近100个国家和地区。

产业升级促进三产深度融合

祥符区立足三产深度融合，突出改造升级第一产业，培育壮大第二产业，创新拉动第三产业，做好产业链相加，推动各产业向其他产业延伸融合。

打造高端化工产业链。以晋开公司为依托，延伸产业链条，大力推进洛阳科创石化甲醇转换催化剂、郑州高复肥脲甲醛等项目建设步伐，建设精细化工基地，打造年产值超百亿的高端化工产业集群。加大新型煤化工产品的研发力度，推动传统煤化工产业向高端化工迈进。

培育农副产品精深加工产业链。充分利用50万亩的花生保护面积，加大"开封县花生"国家农产品地理标志保护开发力度，重点打造花生的全产业链。依托龙大公司，拉长花生产业链条，扩大一见钟情花生饮品、富兰格生物工程等项目的生产规模，打通花生电商销售渠道，形成一条集花生种植、加工、销售于一体的全产业链。依托花生产业链，加快天津恒众、郑州康晖、郑州源之品等食品加工项目建设，推进华闽二期完全建成投产，打造在全省具有竞争力的食品加工产业集群，推动一、二、三产业深度融合发展。

发展现代物流产业链。依托突出的交通区位优势和河南省自贸区开封片区成为河南省电子口岸入网联审试点的机遇，加快推进粤泰冷链物流项目，建成冷藏配送、冷库仓储等齐全的冷链物流企业，着力打造现代物流集群。

走进西姜寨田园综合体，里面热闹非凡，参观者络绎不绝。

西姜寨田园综合体项目是以政府主导、村民参与、企业实施为开发模式的乡村振兴项目。是开封市乡村振兴"1+6"示范带建设的重要组成部分。项目总规划2.7万亩，总投资50亿元，规划上践行"绿水青山就是金山银山"的生态理念，建设"一心、一园、一环、一带、一基地、三区"，最终实现文旅融合、农旅融合、镇村融合、产旅融合，打造成国家乡村振兴示范区、河南现代农业示范区、开封农文旅融合标杆。该项目在河南省2019年度田园综合体建设试点工作评选中，经省财政厅组织专家对推荐项目考察和现场答辩后，喜获第一名。

祥符区田园综合体发展迅猛，罗王镇胡寨村流转土地3000多亩，种植白皮松，既增加农民收入，又保护了环境；陈留镇韩洼村，流转土地2000多亩，大力发展红提子葡萄种植等，吸引大量外地游客前来观光、采摘，体验农民丰收的快乐。

田园综合体还推行"合作社＋农户""企业＋基地＋农户""协议收购保底收益"等模式，使全区各项经济指标快速增长。袁坊乡府君寺村自从搞起了"互联网＋农业"的销售新模式，不仅让村民不出村就可以实现农产品的外销，还能使群众的红薯每斤多卖 5 角钱。借助龙大及富兰格等企业，延伸农业产业链，不仅消化了周边地区 200 万亩的花生，还使该区的花生系列产品销往全国 16 个省 320 个地市，花生蛋白饮料总销量及市场覆盖率均居全国首位。开封青天伟业流量仪表有限公司借助电商平台推进跨境营销，被阿里巴巴跨境电子商务平台授为"寻梦基地"，该公司仅 2018 年跨境电商销售额就已突破 400 万美元。

祥符区区长王彦涛说，站在新起点，祥符区将按照"产业兴旺、生态宜居、乡风文明、治理有效、生活富裕"的总要求，突出抓好农业新型经营主体提升，抓好骨干龙头企业培育，打造农业产业化联合体，增强与农民的利益联结，努力实现农业强、农村美、农民富的小康梦。

（原载于 2019 年 9 月 23 日《河南日报农村版》）

台前：苦干加巧干，脱贫后劲足

□ 段宝生　王为峰

台前县马楼镇后赵村村民刘秀春曾是一个特困户，后来她办起了存栏3000只的养兔场，新上了一条兔肉加工生产线，成立了专业合作社，于2017年底光荣脱贫，还带动40余户贫困户脱贫致富，被评为"濮阳市劳动模范"，获得"濮阳市2019年度脱贫攻坚奋进奖"等荣誉称号。

脱贫攻坚战打响以来，台前县贫困人口从2014年初的6.27万人降至2019年底的0.34万人，贫困发生率从17.5%降至0.88%；农村居民人均可支配收入从2014年的6408元增至2019年的10 580元，年均增长10.3%。

脱贫攻坚啃硬骨头

台前县是国家级贫困县，河南省四个深度贫困县之一，也是河南省"三山一滩"扶贫攻坚主战场。到2016年建档立卡回头看时，全县仍有贫困村79个、贫困人口13 548户41 014人，成了再难啃也必须啃下的硬骨头。

近年来，台前县把实现高质量脱贫作为压倒一切的政治任务来抓，以脱贫攻坚统揽经济社会发展全局，紧盯"两个确保"目标，锚定"两不愁三保障"标准，深入落实"六个精准""五个一批"要求，推进打赢精准脱贫攻坚战三年行动计划，大力实施"1413"攻坚行动，"转扶搬保救，光电教金险"十路并进，汇全县之力，聚全民之智，下足"绣花"功夫，全力打好脱贫攻坚总攻战。

台前县坚持把发展产业作为实现脱贫的根本之策,按照"宜工则工、宜农则农、宜养则养"的原则,大力培育和发展特色产业,吸引资本、技术、人才等要素流向农村,推进了农村一、二、三产业融合发展。依托羽绒制品及服饰加工等劳动密集型产业优势,建设了一批集精准扶贫、产业发展、就业脱贫于一体的扶贫车间,不仅带动了贫困户就近就业,也培育了一批农村致富带头人,让脱贫摘帽有了产业根基。发展养殖和食用菌、果蔬种植等产业,与农业产业化龙头企业开展合作,实施了新希望六和养鸭养猪等项目,现代产业链、价值链、供应链加快形成。依托河南省唯一全国光伏扶贫工程重点县优势,建设了华电 100 兆瓦等集中式光伏扶贫项目 3 处、村级光伏扶贫电站 169 个,带动 11 436 户建档立卡贫困户增收脱贫。依托全国电子商务进农村综合示范县的优势,规划建设了电商产业园等产业融合发展模式,进一步夯实了脱贫攻坚基础。

驱穷魔过上好日子

台前县坚持共同富裕不动摇,向绝对贫困发起总攻,实现了产业扶贫、贫困村贫困户光伏收益、扶贫车间带贫、集体经济、公益性岗位、金融扶贫、农村电商扶贫等产业扶贫的"七个全覆盖",安全饮水、电网建设、道路建设等基础设施全达标,基础教育资源配置、医疗卫生机构建设、综合文化设施配套等公共服务"三到位",村容村貌、户容户貌、群众精神面貌等农村面貌"三提升",补齐了贫困乡村发展短板,老百姓住上了好房子,过上了好日子。

台前县坚持以党建为引领,加快构建自治、法治、德治相结合的治理体系,统筹做好战区脱贫攻坚、乡村振兴等各项工作的安排部署、统筹协调、监督落实;配齐配强村"两委"班子,建设党群综合服务中心 264 个,强化了党组织的政治引领作用；实施"雪亮工程"，建设乡村高清监控点4343个，平均每个村庄11个高清探头，织密了社会面科技防控网。

脱贫摘帽成色足

台前县牢固树立"绿水青山就是金山银山"的发展理念，实施了城乡环卫一体化，农村由"一处美"向"处处美"、"一时美"向"持久美"、"外在美"向"内在美"转变。打造了侯庙镇许集绿色风情小镇等一批特色小镇。依托油桃、樱桃等种植业，开展赏花游，组织采摘节，把田园变公园、劳作变体验，把自然风光变成了"聚宝盆"，农业强、农村美、农民富后劲十足，老区群众对美好生活的向往正在一步步变成现实。

（原载于2020年3月11日《河南日报农村版》）

"精神扶贫"花开潢川

□ 尹小剑　翁应峰　蔡丽

2019年1月13日下午，潢川县黄寺岗镇的新时代文明实践广场热闹非凡，新时代文明实践活动进乡村暨"三下乡"活动集中启动仪式正在举行，来自各行业的志愿者们为群众送大戏，写春联，熬腊八粥，筛查常见病……

"国家的政策好，文化活动、科技知识送到家门口，俺们不能'等靠要'，应该用双手勤劳致富，你们说是不是？"活动中，被表彰的勤劳致富先锋代表举着手中荣誉证书高兴地说。

"那是！那是！"

"明年夏天俺家小龙虾肯定大丰收！""今年脱贫，明年奔小康，这日子可不是越来越红火吗？！"

…………

台上一同领奖的村民代表和台下的群众纷纷应和，欢声笑语驱散了冬日严寒。

近年来，潢川县深入贯彻落实国家、省、市关于脱贫攻坚决策部署，紧扣"激发内生动力，提高发展能力"要求，扎实推进扶贫扶志工作，制订扶贫扶志行动方案，统筹各方力量，引导群众摒弃消极思想，激发脱贫志气，提升致富能力，实现精神物质双脱贫。

先进引路，身边典型为榜样

殷勤良是仁和镇蔡寺村建档立卡贫困户，子女年幼，妻子残疾，家庭没有收入来源。"一说起脱贫，他就皱眉头，没有一技之长，也没有脱贫的信心。"该县财政局帮扶干部黄世炳回忆。

怎么办？

在驻村书记和帮扶人的引导帮助下，殷勤良积极筹措资金，承包家门前水塘、土地，发展"稻虾共作"，白天干活，夜晚学习养殖知识，经常向有经验的养殖大户请教遇到的难题。"我虽然累，但很充实，现在吃饭都香，睡觉都甜。"殷勤良说。

辛勤劳动让殷勤良顺利脱贫致富，他本人也被评为县"脱贫明星户"。

榜样的力量是无穷的。该村目前发展"虾稻共作"养殖小龙虾的贫困户有47户，养殖面积达500亩以上，亩均收益2000元。200亩的池塘水面养殖小龙虾，亩均收益3000元以上。在典型示范带动的作用下，2018年，该村新增养殖面积近600亩。全村所有在家群众都是小龙虾产业的受益者。截至2019年1月，该村175户贫困户已经脱贫169户，村庄的面貌和群众的精神面貌也发生了极大变化。

"我们从奋战在脱贫攻坚一线的广大党员干部群众中选树典型，先后命名表彰潢川县百名'帮扶之星'、百名'脱贫明星户'和百名'脱贫攻坚党员红旗手'，并挑选百名典型开展专题拍摄、专栏宣传，目前已经播出42期，手机台、微信公众号同步推送。同时，还以'脱贫故事会''道德讲堂'等为抓手，以'身边典型讲身边事，身边先进教育身边人'的方式，提振贫困群众精气神，凝聚齐心攻坚力量，取得了良好效果。"该县县委常委、宣传部部长余道银说。

爱心超市，精神物质齐鼓励

走进付店镇骆店村刘海贤家，小院清爽利落，门口菜园扎着竹子篱笆，正在草莓大棚里劳作的刘海贤热情爽朗。提起爱心超市，刘海贤有话说，每月一次按照"六净一规范"标准评比，谁家勤劳谁家懒，一目了然，还有评选出的脱贫攻坚先进个人、孝善敬老好子女，都发爱心超市积分卡，一分一元钱，去镇上爱心超市兑换等值商品，钱不多，可是光荣啊！

"俺村的贫困户黄成忠，身有残疾，生活懒散，评选活动开始，人家都有积分卡，他脸上挂不住了。虽说腿脚不灵便，可是手头活儿能干呀，他就把家里收拾得干干净净。拿着奖励的积分卡，谁都没他笑得开心！"刘海贤说，"过去俺们村是软弱涣散村，现在来看看，村容村貌大变样，俺看离先进村也差不离了！"

爱心超市的激励作用是显而易见的，以奖代补、多劳多得的积分制奖励机制，易操作，见效快，鼓励群众自己动手，勤劳致富。"脱贫攻坚开始后，我们选取了部分贫困村进行了爱心超市建设、试点运营，经过充分的实践后，去年6月份，县里印发关于《爱心超市实施方案》的通知，要求各乡镇全面推进爱心超市建设。目前，全县所有贫困村和166个非贫困村爱心超市已经建成运营，有效帮助贫困群众摒弃'等靠要'等消极思想，从思想上拔了穷根。"该县扶贫办负责人介绍。

文化活动，浸润心灵添动力

2019年1月3日，踅孜镇首届广场舞大赛在踅孜村文化广场举办。"全都是群众自发组织的，镇里村村都建文化广场，村村都有广场舞队，热情高，精气神足，说要PK一把。"该镇宣统委员郭强说，"高手在民间，当天还有少林武术、太极拳、民歌、口技、板胡等表演，群众把广场挤得水泄不通。"

类似的文化活动场景在该县各个乡镇、村级文化广场时时上演,潢川县持续推进村级综合文化服务中心建设,2017年以来,该县整合5000多万元,按照每村一个文化活动广场、一个文化活动室、一个简易舞台、一个宣传栏、一套文化器材、一套广播器材、一套体育设施器材的"七个一"基本标准进行村级综合文化服务中心建设。

截至目前,全县已建成农村综合文化服务中心246个,83个贫困村的综合性文化服务广场全部建成达标。村级综合文化服务中心成为丰富群众文化、倡导乡风文明、传播方针政策的宣传窗口与阵地。

"仅2018年,县文广新局就在村文化广场举办了3场扶贫扶志演出,给群众极大的精神触动。"仁和镇蔡寺村党支部书记唐保合深有感触,"过去农闲打麻将,现在只要天气允许,16个村民组的在家群众远的骑电瓶车,近的步行,都到文化广场上来,组成了60人的广场舞队,还自发组织了旱船队和狮子队。"

结合"宣传党的十九大精神""送戏下乡""舞台艺术送农民""文艺轻骑下基层""文化道德讲堂""春节联欢晚会"等活动平台,该县开展了覆盖所有乡镇、村的扶贫扶志系列宣讲和文艺演出。在潜移默化中传播社会正能量,补齐了群众精神脱贫的短板,为打赢打好脱贫攻坚战提供了强大的精神动力。

(原载于2019年1月17日《河南日报农村版》)

漯河市召陵区："三三制"夯基垒台，决胜脱贫攻坚

□ 仵树大　柴永超　郭子钦

2019年7月25日，大暑刚过，临近中午，漯河市召陵区青年镇砖桥村的室外温度已飙升至摄氏39度。李军辉疾步走回村部，在一楼的大办公室内，抓起桌上的茶杯，仰脖喝了大半杯水，用衣服抹了一把脸上的汗说："蒲公英和艾草还得浇一遍水！"

从2018年4月份至今，李军辉的身份发生了两次重大变化：2018年4月，他被村里老少爷们儿选举为村党支部书记；2019年6月底，他担任梦和农业发展有限公司经理。"陶书记盯着呢，让咱左右肩膀都用劲，把这两个重担扛起来！"李军辉所说的陶书记是召陵区商务局派驻砖桥村第一书记陶冶。按照区委提出的"坚持把软弱涣散基层党组织整顿作为打赢脱贫攻坚战中一项最基础的工作来抓"，在2018年村"两委"换届时，班子成员实现"大换血"。"换血"后的砖桥村致力扭转此前软弱涣散的局面。陶冶提出村"两委"成员不分职务高低，根据实际情况分工，实行"谁首接谁负责"责任制，确保把村里的每一件事连贯性地干好。

按照分工，由李军辉个人先期投入，在村里种植、托管250亩蒲公英和370亩艾草，建立蒲公英茶和艾草加工厂，实现种养、加工一条龙，为村集体经济收入探索必要的经验。

2019年1月，在陶冶的努力争取下，漯河市星罗之光科技有限公司在该村投资建厂生产节日灯具，一期工程能带动近100人到厂里就业，每人每

天生产的配件还能带动村里 8 个村民在家里组装灯具，二期工程将带动 300 人在厂里就业，间接带动 2400 个村民足不出户在家赚钱。届时，不仅能解决村里 32 户贫困户中有劳动能力人的就业，还能带动周边村落的村民及贫困户就近就业。

事实上，砖桥村整顿基层党组织促脱贫，只是召陵区 185 个村充分发挥基层党组织的组织优势、组织功能和组织力量推动精准扶贫的一个缩影。

"我们始终把脱贫攻坚作为一项重大政治任务和第一民生工程，全面实施党建扶贫的'三三制'（三个重点、三个载体、三个倾斜），实现基层党建与精准扶贫深度融合，为打赢脱贫攻坚战提供强有力的组织保证。"召陵区委书记刘耀军说。

"三个重点"夯实基层基础

据了解，召陵区委成立由县级干部任组长的产业项目、政策落实、业务指导等 6 个专项工作组，实行县级干部分包镇办、贫困村、重点村、贫困户制度，并通过"三个重点"夯实基层基础。

首先，选好一个带头人。以村"两委"换届选举为契机，突出"三有三带"标准，选准村级带头人，全区 185 个村全部配齐党组织书记，有致富项目的村党组织书记占 68%。

为加大村党组织书记培训力度，突出抓好精准脱贫、产业发展、实用技术等内容的培训，认真组织实施"一村一名村干部大学学历教育"。2018 年换届后，组织村党组织书记进行封闭式任职培训，安排脱贫攻坚课题专题教学。

2019 年 4 月上旬，组织全区 63 名驻村第一书记、10 个贫困村和 21 个重点村的党组织书记在辉县市举办了脱贫攻坚专题培训班，引导党组织书记开阔视野，学习经验，拓宽思路，提升抓党建促脱贫能力水平。

其次，建设一个好班子。村（社区）"两委"换届后，区里对排查出的19个软弱涣散和后进村党组织进行整顿，实行县级党员领导干部联系分包制度，派出整顿工作队，按照兰考"六步工作法"，制定转化提升措施和台账，全程纪实管理，强力推动整顿工作，补配村"两委"成员5名，调整撤换不胜任党组织书记1名，8个村集体经济收入实现了清零，11个村集体实现了"消薄"，6个村由落后村变为先进村，19个村"两委"班子战斗力显著提升。

再次，规范一个好阵地。把村级阵地建设作为增强基层组织的凝聚力和战斗力、巩固农村基层政权的基础，全力推进村级党群服务中心标准化、规范化建设。2017年以来，全区共投入资金1500余万元，新建、扩建、规范村级组织活动场所85座，10个省级贫困村和74个重点村全部有了规范化的党群服务中心。

"三个载体"增强脱贫效果

"根据区委的总体部署，我们在开展基层党组织规范化建设中，推行'支部+合作社'党建工作模式，通过党支部引领，农民合作社充分发挥典型带动作用，承担社会责任，积极投身扶贫公益事业，主动开展扶贫帮困活动。"召陵区委常委、组织部部长刘剑说，逐步实现全区实体化运作的农民专业合作社党建工作全覆盖，依托"三个载体"增强脱贫攻坚效果。

以"党旗引领合作社"为载体，充分发挥党员的先锋模范作用，促进农民合作社提质增效。目前，全区实施到户增收项目的农民专业合作社有14个，使500余户贫困户每年增收1000元，为1200多名贫困人员提供了就业岗位，形成了支部引领方向、新型主体带动致富、贫困群众广泛参与的精准扶贫工作格局。

以志惠超市平台为载体，把社会扶贫和扶贫扶志相结合，着力激发贫困群众内生动力，通过志惠超市建设，鼓励引导贫困群众参与村内环境整治、治安巡逻等活动，获得不等分值的积分，兑换所需商品，通过双手劳动增加收入，倡导树立了"积分改变习惯，勤劳改变生活"的导向。2018年，全区建设志惠超市71个，共接受社会捐款捐物价值100多万元。

以"纠转"行动为载体，聚焦脱贫攻坚领域"不深、不细、不快、不高、不实、不严"突出问题，深入推进纠"四风"转作风、强执行、求实效行动。2018年，实施了行业扶贫"两分工作法"，通过行业部门工作人员或帮扶队员入户调查，按照贫困户致贫原因和贫困户需求进行分类统计，分配给行业扶贫部门进行核查、落实，让行业扶贫政策精准、及时、有效地惠及贫困户。2019年，又开展了"走出办公室，走进贫困户，深化'两分工作法'"活动，从行业扶贫部门抽调业务骨干50多名，分成3个工作组，利用两个月时间，对全区所有贫困户集中开展排查，摸清贫困户应享、已享、未享政策底数和帮扶需求，梳理分类汇总后，由行业扶贫部门逐项落实，让行业扶贫政策精准落地，问题整改取得良好效果。

"三个倾斜"强化攻坚保障

召陵区坚持优中选优、因村派人，选拔责任心强、工作务实的年轻后备干部，到扶贫重点村驻村担任第一书记和工作队员，通过"三个倾斜"为脱贫攻坚提供人才保障。

选派尖兵队伍向扶贫重点村倾斜。目前，全区选派驻村第一书记63名，全部派向扶贫重点村，建立村级脱贫责任组173支1006人。

教育培训向扶贫领域倾斜。每年年初，将党的扶贫工作方针政策纳入干部培训计划，制定重点工作台账，分类分专题分批开展培训工作。依托区委党校，2018年举办了全区科级干部十九大精神培训班、村（社区）党组织书记培训班，2019年举办了科级干部和优秀中青年干部春季培训班、脱贫攻坚能力提升暨乡村振兴培训班,把扶贫政策作为重要课程进行专题教学。在区委党校轮训的基础上,区委组织部会同区扶贫办,采取"走出去请进来"的办法,组织村党组织书记、驻村第一书记进行扶贫专题培训,不断提升各级干部对扶贫工作重要性的认识,推动各级干部把扶贫工作记在心上,抓在手上,扛在肩上,落实在行动上。

干部激励向扶贫一线倾斜。坚持对扶贫干部"高看一眼,厚爱一分",在全区三级干部大会、五一表彰大会上,对100多名区、镇、村扶贫干部进行了隆重表彰,树立了良好导向,进一步激发了干部队伍活力。2019年5月,区里从5个脱贫攻坚任务繁重的乡镇中,提拔使用了9名参与脱贫攻坚工作、表现优秀、勇于担当的正副科级干部。

刘耀军表示,召陵区将抓党建促脱贫攻坚作为全区重点组织工作的一条主线,实行党建扶贫"三三制",充分发挥全区各基层党组织的组织力、引领力和战斗力,带领党员干部精准施策,在确保脱贫攻坚取得阶段性成效的基础上,全面打赢打好脱贫攻坚战。

(原载于2019年8月1日《河南日报农村版》)

沁阳：实干苦干促脱贫

□ 冯佳志　高原　毋昆

"我现在在家门口上班，每月工资2100元，家里添置了新家具，日子别提多美了！"沁阳市常平乡山路平村丹峡皂刺皂角合作社49岁的工人张历晴掩饰不住脱贫致富后的喜悦，不时发出爽朗的笑声。张历晴的幸福生活源于沁阳市扶贫产业的落地生根。

沁阳实施以"产业、就业、创业"三业引领和金融、保险、企业、慈善、社会等多方面助力的"三业五助一兜底"精准扶贫工程，发扬撸起袖子、甩开膀子、迈开步子干事创业的精神，坚持强基固本，创新工作方法，在"干"中不断扎实推进精准扶贫、精准脱贫。

帮就业扶创业　实干催开产业花

雪后初霁，寒风阵阵，沁阳市常平乡山路平村巧媳妇服装加工厂的生产车间里热火朝天，"巧媳妇"们制成一件件羽绒服，"织"出了自己的"致富梦"。

"巧媳妇服装加工厂目前带动了70人就业，141户贫困户参与分红。"沁阳市司法局驻山路平村第一书记刘双介绍，该村还以沁阳市丹峡皂刺皂角专业合作社为示范龙头，以皂刺嫁接和艾草种植为基础，通过"合作社＋农户"模式，利用科技扶贫资金，带动20余人家门口就业，为30户贫困户按照70%

的比例进行分红。以产业促就业，这个昔日的省级贫困村实现了脱贫。

没有好的产业支撑，扶贫就是缘木求鱼。像山路平村这样的省级贫困村沁阳共有20个，现在，随便到哪个村转一转就会发现，产业扶贫项目落地生根，就业岗位妥当安置，创业风潮悄然兴起，沁阳大地处处勃勃生机。

"喊破嗓子，不如甩开膀子。"没有创业经验？手把手教！开展创业意识教育、创业实训、项目商品推广、经营管理等培训，切实提高创业能力。2017年，共在7个贫困村举办创业培训班10期，培训建档立卡创业人员96人。

没有创业资金？政府、银行来帮忙！市财政拿出700万元保证金和500万元风险金，争取邮储银行、江南村镇银行创业贷款3500万元，市信用联社设立纯信用、无抵押贷款1000万元，可为300至500户贫困户创业提供资金支持。

南西村食用菌栽培，簸箕掌村核桃树高接改良，山路平村和张庄村野生皂刺嫁接改良，范村猕猴桃种植，解住村蔬菜大棚……现在，全市20个贫困村共安排扶贫产业项目17个，建成产业扶贫基地26家，吸纳周边2000多户村民。其中，沁阳市投入财政资金289.465万元，帮助贫困村建起9个扶贫项目，覆盖贫困户586户。

为发展电商产业，2016年，沁阳市政府和阿里巴巴农村淘宝项目签订战略合作协议，沁阳市阿里巴巴农村淘宝项目顺利落地。目前，全市13个乡（镇）办事处50个行政村设立了阿里村淘服务站。

完善帮扶政策　兜底防"养懒汉"

脱贫攻坚战中，沁阳市注重发挥各方力量，打出政府、行业、社会共同发力的"组合拳"。在当地政府的倡导下，永威公司、超威集团等一批有责任、有担当的企业纷纷涌现出来，先后安置了315名贫困人口就业，永威公司先后安置了近800余名残疾人就业。

沁阳市通过打造"一网三平台"（诚信沁阳365网站、企业信用数据查询平台、农村信用数据查询平台、普惠金融精准扶贫平台）征信体系，对贫困户实施信用评级，分别给予3万至10万元授信支持。

沁阳市慈善协会资助山路平村扶贫厂房配套基建6万元，资助柏乡镇东两水小学建设7万元，资助王召乡后兴福村修建村内道路2.5万元……从扶贫项目发展到基础设施完善，从乡村学校建设到帮助贫困户渡过难关，处处都有慈善帮扶的身影。

"在落实兜底政策工作上，我们严防漏助、错助、骗助行为，杜绝盲目攀比和'养懒汉'现象，切实做到应扶尽扶，应保尽保，应退尽退。为解决无劳动能力户、五保户的脱贫问题，我市从低保、医疗、教育等方面入手，对他们实施兜底保障。"沁阳市民政局局长刘国军说。

在推进精准扶贫过程中，沁阳市通过"两筛查两入户"，将农村低保、特困人员190户326人纳入建档立卡贫困户，将137户241人建档立卡贫困户纳入低保、特困人员保障范围，并提高了救助标准。其中，农村低保人均月补差由139元提高到144元；农村特困分散供养人员保障标准由每人每年3000元提高到3360元……

据统计，2017年动态调整后，沁阳市共有建档立卡贫困人口4123户15188人，未脱贫建档立卡贫困人口1763户5477人。继2016年成功脱贫528户2102人、5个贫困村后，2017年沁阳市实现868户3388名贫困人口脱贫，2个贫困村退出。

如今的沁阳，干群合力，脱贫产业处处生机盎然，沁阳大地人人努力，户户奋进，大家昂首阔步走在脱贫致富的大道上。

（原载于2018年1月24日《河南日报农村版》）

许昌市建安区：消费扶贫助增收

□ 宋广军　胡鹏　许照锋

2020年3月12日至16日，许昌市建安区椹涧乡前宋村产业扶贫基地的1万多斤芹菜和5000斤蒜苗，在许昌市物业协会和建安区扶贫办工作人员的努力下，以消费扶贫形式走上了许昌各小区业主家的餐桌。

前宋村产业扶贫基地种植有蒜苗、芹菜、特色白菜各4棚，豌豆、菠菜各1棚，该区扶贫办多次到该基地实地了解蔬菜的长势、产量、储存和销售等情况。在得知受疫情影响销售困难时，市扶贫办工作人员积极与市物业协会对接，市物业协会动员该市多家小区物业公司，充分发挥行业优势，以买代捐，鼓励大家用消费的形式帮助贫困户解决滞销难题。仅3月12日一天，就收到了市物业协会各会员单位近5000斤芹菜和4000斤蒜苗的预订，五天时间就将前宋村产业扶贫基地滞销的农产品销售一空。

建安区坚持"政府引导、市场主导、社会参与、互利共赢"的原则扎实开展消费扶贫，广泛动员社会力量参与扶贫工作。在疫情期间，采取有效措施扎实做好特色农产品产销对接工作，鼓励引导社会各界消费来自产业扶贫基地和贫困户的产品，以消费促进贫困群众增收，促进贫困群众精准脱贫，以更加有力的支持做好消费扶贫工作，全力打赢脱贫攻坚这场硬仗。

组织专班产销。广泛开展消费扶贫宣传，在广泛宣传各项扶贫政策和疫情防护的同时，大力推广消费扶贫新模式，让更多的群众了解消费扶贫和扶贫工作，营造社会帮扶、全民参与的社会氛围。

建立"互联网+"销售平台。组织区内具有法人资格的企业、合作社等市场主体，进行扶贫产品认定申报。克服疫情影响，通过电话沟通、手机微信等方式详细讲解扶贫产品认定的相关政策，广泛推广"河南农购"产销对接平台。让更多的企事业单位、社会组织、干部群众了解贫困地区农产品销售情况，强化社会各界以购代捐的意识，自觉参与到消费扶贫的行动中来，以消费扶贫帮助贫困群体脱贫致富！

（原载于 2020 年 3 月 23 日《河南日报农村版》）

杞县：拉长大蒜产业链，拓宽脱贫快速路

□ 董伦峰　李永建　叶中琳

"俺今年种了3亩大蒜，收获9000斤，政府给买了一保三年的保险，按现在的价格，净收入将近3万元。"2019年6月30日，杞县傅集镇白庙屯村70岁的脱贫户魏文祥说。

白庙屯村是深度贫困村，共有贫困户65户207人。该村党支部书记张书涛告诉记者："像魏文祥一样依靠种植大蒜脱贫的贫困户有60户。白庙屯村共有747亩地，95%种植的都是大蒜，今年大蒜价格高，我们村年底实现整村脱贫指日可待。"

大蒜是杞县的支柱产业，更是脱贫攻坚所依托的主要产业，杞县积极引导贫困农户通过种植大蒜脱贫致富。杞县农业产业化办公室负责人介绍说："今年全县大蒜种植面积达60万亩，每亩可以卖到1万元左右，83个贫困村的贫困户种植大蒜近4万亩，可收入4亿元。"

大蒜产业链带动一、二、三产业融合发展。在金杞大蒜国际交易市场，记者看到一群群的中年妇女正围坐在一家家收购点分拣大蒜。"剥蒜皮，切蒜根，去蒜把，装袋。一天下来大概能挣150元。"正在对大蒜进行初加工的贫困户孟庆英对在大蒜市场打工的收入很满意。

大蒜产业的兴盛带动了杞县餐饮、住宿、运输、包装、通讯、信息、物流、金融等多行业的发展，日益完善的大蒜产业链也提供了大量的就业岗位。同时，杞县积极引导有劳动能力的贫困群众主动参与大蒜有关的抽

提蒜薹、收获大蒜、分级装袋、入库装车等工作。

"每年5月至10月大蒜种植、管理、收获、交易期间,务工人员日均女工收入150元左右,男工300元左右。在大蒜交易高峰期,就我们这个市场内每天有3000多辆蒜车,用工量就有5000多人。我们对贫困户都有优惠政策,招工时优先考虑,额外再给5元的生活补助。"金杞大蒜国际交易市场总经理侯俊岭告诉记者,参与务工的每位贫困人员每个蒜季可收入3万多元,贫困户实现了大蒜产业带动下的间接脱贫,稳定脱贫。

构建"互联网+大蒜"现代商贸模式,助力贫困群众实现创业就业,脱贫致富。"我们公司分包平城乡罗寨村、于寨村,与贫困户蒜农签订收购意向书后,以高于市场价的价格收购贫困户的大蒜。最近,交易量大,每天都能发送4000件左右,约2万斤。"拼多多平台大蒜销售第一名科科大蒜负责人王永告诉记者,"2018年网络销售大蒜收入900多万元,今年大蒜价格高,有望突破1000万元,带动更多的贫困户脱贫。"

杞县电商办负责人王海涛说,我们依靠杞县大蒜产业优势,对接淘宝、拼多多等成熟电商平台,引导农民在平台开设店铺。目前,拼多多大蒜交易量前10名商家中有9家为杞县经销商。

(原载于2019年7月3日《河南日报农村版》)

郸城：念好"教育经"，播撒新希望

□ 巴富强　张本宝

属于大别山区集中连片特殊困难县的郸城县，在脱贫攻坚中，教育的触角延伸到了每家每户，不但解除了贫困家庭因学致贫的负担，更给贫困家庭带来了新希望。

送教上门，让家长看到希望

2019年1月28日，全国各地的学生纷纷开启了快乐寒假模式。但对于家住郸城县李楼乡李小楼行政村北丁庄村的丁振伟来讲，他的新学期才开学。丁振伟在读七年级的时候，不幸患病，四处求医一年多，最终右腿高位截肢才保住生命，一直在家休养。

"只有知识才能改变命运，要选最优秀最有责任心的老师上门送教，扶贫路上一个都不能掉队！"李楼中心校校长齐廷海了解情况后，立即召开李楼一中班子会，决定为丁振伟送教上门。于是，8位优秀教师组成的送课组成立。随后每个周一和周四的送教时间里，丁振伟家的堂屋里，都有两位或三位老师为他一个人上课辅导，风雨无阻。

由郸城县特殊教育学校和各中小学校组织的送教上门已经覆盖全县所有村，只要孩子有受教育的条件，只要家长和孩子愿意，教师们就会定期上门为这些学生提供课程辅导、心理教育等。目前，全县有184个孩子通过送教上门接受了义务教育。

"教育村长"不让一个学生辍学

匆匆吃过早饭，周勤便戴上胸牌，拿着扶贫资料，骑着电动车去 7 公里外的王庄村走访。周勤是该县白马镇程庄小学的教师。2017 年 2 月起，她开始担任王庄村的"教育村长"。她每周去村里走访两次，每次走访五六户。王庄村凡是有学生的家庭，她都一一访遍。

在郸城县，像周勤这样的"教育村长"有 3171 名，他们都是中小学一线教师，利用课余和周末，进入 488 个行政村近 2500 个自然村的每家每户走访核查，准确掌握每一个家庭学生情况和每一个学生接受资助情况，确保不让一个学生因贫辍学。

"'教育村长'制实施以来，全县共走访 20 余万户，40 多万份资助政策明白卡、《建档立卡贫困家庭学生受助情况温馨告知书》发放到学生家中。"郸城县教体局局长刘现营说，3000 多名"教育村长"将党和政府的政策带到每一个农户，成为教育精准扶贫的生力军。

寄宿制学校，让家长专心脱贫致富

2015 年 8 月，刚当上后徐楼小学校长的韩天杰发现生活并不富裕的村民宁愿多掏钱把孩子送到民办学校，也不愿送到免费的后徐楼小学读书，学校越来越没人气，只有三个年级 12 名学生。随后的一次例会上，韩天杰说："家长为啥舍近求远？是因为学校让家长失去了信心，学校变好了，学生自然就多了。"

说干就干，为解决留守儿童的照护问题，他带领老师，腾出办公室，改造旧教室做学生宿舍。上级拨付的宿舍修整资金也随后到位，给学生营造了一个温暖的"家"。

"学校越来越像学校样了。"后徐楼小学吸引了大批学生回流,赢得了越来越多家长的认可。"我在外面打工,以前只能把他送到能住宿的民办小学。"一位学生家长说,"现在孩子在家门口上学,吃住有保障,省钱又省心,成绩也越来越好,我也能放心在外赚钱养家啦!"

总结后徐楼小学办学经验,郸城县在广泛调研的基础上,把寄宿制学校建设作为全县"乡村学校振兴"的基础工程,近3年每年投资1亿多元用于学校标准化建设。目前,全县农村学校基本达到了河南省义务教育学校办学基本标准,25所乡村公办初中全部建成了标准化寄宿制学校,还建成了85所公办寄宿制小学。像后徐楼小学一样,原来生源流失严重的双楼乡金庙小学,现在住宿生达237人,李楼乡陆油坊小学、石槽镇翟庄小学等有寄宿条件的学校,学生也增加到200人以上。

(原载于2019年2月25日《河南日报农村版》)

精神一振天地宽

——看唐河县如何"志智双扶"断穷根

□ 曹国宏　丰兴汉

2019年春,随着气温回升,小麦陆续返青,广袤的唐河大地绿意萌动,又是一个希望升腾的季节。

唐河县上屯镇下屯村脱贫户张保山开着垃圾清运车运完村里的垃圾,又开着新购置的轿车,载着村里的乡亲们去县城购买春播的化肥和种子。这辆车的营运收入是他的主要收入来源之一,也是他稳定脱贫、持续增收的希望。

2018年,通过公益岗薪酬、扶贫粮仓分红、众享农机合作社入股分红和到户增收项目,他的年人均纯收入达5600多元,仅仅7个月时间就和贫困脱了钩。

"好日子是拼出来的。"张保山说,"是扶贫政策和项目让我信心满满,在脱贫路上甩开膀子大步走哩。"

一年来,全县和张保山一起脱贫的贫困群众有5747人,圆满完成31个村精准脱贫退出的年度任务。

"脱贫路上无懒汉,精神提振天地宽。我们正是通过扶志增智、志智双扶,激发了贫困户一心脱贫的内生动力,才能在脱贫攻坚主战场上攻城拔寨,步步为赢。"县委书记、县长周天龙深有体会。

同心超市巧励志：积分改变习惯，勤劳改变生活

近日，唐河县马振抚乡前庄村的同心超市"生意"红火，不少建档立卡的贫困群众都拿着积分兑换卡，凭积分兑换自己需要的生活物品。

"这个扶贫超市只认积分，我们通过勤劳致富、多做好事兑换积分，有了积分就能领到自己想要的东西。"贫困户林秀娥正乐滋滋地用参与公益活动和脱贫政策知识问答积攒的积分兑换笤帚和大米。

同心超市是唐河探索出的"积分改变习惯，勤劳改变生活，环境提振精神"的"志智双扶"励志模式。贫困村以同心超市为总载体，组织开展立志脱贫、环境卫生、孝老友邻、热心公益、移风易俗、遵纪守法等六个方面的积分评比活动，实现了对全县贫困村和重点非贫困村的全覆盖和规范运行。

劳动得实惠，受助有尊严。各村定期开展评选活动，对贫困户进行综合评定并积累相应积分，将以往单纯送物送钱转变为让贫困户"以劳积分，以分换物"，实现"积分改变习惯，勤劳改变生活"的可持续良性循环。

截至目前，全县117个同心超市先后组织评计分活动1200多场次，参与群众30多万人次，向群众兑换发放生活用品价值400多万元。

以文化人润民心：文艺进村入户，文韵春风化雨

"清河水长又长，连心桥上好风光。清河水长又长，编织场内笑声朗……"

伴随着悠扬婉转的曲剧唱腔，唐河打造的河南首部大型扶贫现代曲剧《春风化雨》先后在各乡镇不间断巡回演出200多场，并被选为全省脱贫攻坚戏曲巡演活动的参演剧目，在全省33个贫困县巡演，引发贫困群众和脱贫干部的强烈共鸣。

《春风化雨》的诸多矛盾冲突，均来源于男主人公夫妇不愿务实干，争当贫困户的"沾光"意识。他们不以贫为耻，反以贫为荣；不以要为耻，反以要为荣；不以干为荣，反以等为策……这种严重偏离正常价值轨道的"精神贫困"，正是脱贫攻坚工作中的一个大拦路虎和绊脚石。最终，夫妇俩明白了"好日子是奋斗出来的"，靠编织手艺走上了脱贫致富路。

"这是一种'病'，必须在脱贫攻坚中'对症下药'。通过志智双扶，摒弃'等要靠'，提振精气神，扶起贫困群众摆脱贫困的志气，扶起贫困群众勤劳致富的智力，增强了他们脱贫致富的底气和信心，确保他们在小康路上不掉队。"唐河县委常委、宣传部部长姬欣说，"《春风化雨》的一个重要现实意义，就是揭示了'好日子是干出来的，不是等出来的'这样一个理儿。"

一出好戏，还有一本好书。

唐河适时将城郊乡王庄村贫困户王万才的脱贫日记进行选编并出版发行。《唐河千帆过》一书翔实记录王万才从最初的甘于贫穷、不思进取到后来积极奋进、努力脱贫，激起了更多贫困户的脱贫精气神，也从另一个视角展现唐河大地3万多贫困人口在县委、县政府领导下，不等不靠、栉风沐雨、砥砺前行的当代脱贫故事。王万才更成为全国贫困户出书第一人，荣获河南省脱贫攻坚奋进奖。

同时，县里还投入120多万元，采用政府购买服务的方式，组织17个专业文艺团体，开展"颂党恩，跟党走"快乐星期天文化惠民巡演活动，累计演出660余场，观众达50万人次。举办全县脱贫攻坚摄影大赛，从全县摄影工作者深入基层拍摄的400多幅作品中精选80余幅，巡展乡镇170场次。并以此为基础，出版了《幸福唐河——脱贫攻坚的唐河实践》扶贫画册。

榜样力量聚正能：一个典型一面旗，脱贫争先现活力

在苍台镇后湾村的扶贫车间，贫困户们正在扶贫专干杨金枝的指导下，认真学习毛衫的针织技术，不时传出阵阵欢声笑语。谁能想到，几年前，杨金枝本人也是一名靠政府帮扶的贫困户。

杨金枝因患小儿麻痹症，落下终身下肢残疾，婆婆因病生活不能自理，一家四口人，全靠丈夫一人艰难支撑。

脱贫攻坚以来，在各级党员干部的帮扶下，杨金枝学习针织技术，由村委筹资，建起了扶贫车间，带动村里 20 多名贫困户家门口就业。在去年村"两委"换届选举中，她还被村民推选为村里扶贫专干、计生专干、党务专干，成为县里的新闻人物。

典型培育源于作风引领。唐河把脱贫攻坚一线阵地作为锤炼干部作风的试金石。40 名县处级干部全部包乡、联村、扶户，5245 名公职人员结对帮扶贫困户，220 多名乡镇科级干部全部分包贫困村和脱贫任务较重的村。通过主动担责、逐级明责、督导强责，全县广大党员干部力行县委"人争先进、事争一流、有旗必扛、逢先必争"的工作导向，自觉动起来，主动沉下去，与贫困群众想在一起，干在一起，补上了群众观念的短板、攻坚能力的短板、基层经验的短板，实现了脱贫攻坚与干部历练的互促共进。

在优秀扶贫干部评选上，先后涌现出了因公殉职的县委原常委、纪委书记、监察委主任李勇，患食道癌仍坚守工作岗位的原扶贫办主任孙天领，冲锋一线为贫困群众谋幸福的黑龙镇党委书记朱星兵等一批优秀扶贫干部。

在脱贫户励志增智上，推出了勤奋实干快脱贫、"三改网名"颂党恩的脱贫之星王万才，身残志坚不言弃、电商脱贫显骨气的"轮椅兄弟"等一大批自强自立先进典型。

脱贫基地展"钱景":产业培育有实招,脱贫致富有门道

在唐河县黑龙镇鑫萍苗木扶贫基地里,长势喜人的赤松茸密密匝匝地铺满了种植大棚,贫困户们正忙着采摘、装筐,处处洋溢着丰收的喜悦。这片近40亩的赤松茸培育基地圆了他们的脱贫梦。

"基地先后吸纳本村及周边村20余户建档立卡贫困户,通过入股、学习种植、务工等方式,增加收入。"据赤松茸引进人、黑龙镇三官庙村党支部书记张卫东介绍,仅2018年下半年,基地就为入股贫困户发放分红2万多元,发放劳务费6万多元。

鑫萍苗木扶贫基地是唐河县产业带动扶贫的一个缩影。

唐河县依托全县2751个农民专业合作社、1129个家庭农场和653个规模化养殖场,通过落实以奖代补、项目倾斜、贷款扶持等政策,采取流转土地、吸纳务工、资金入股、技术培训、扶持创业等模式,一批特色产业风生水起。全县先后建成148个农业特色产业扶贫基地,实现了村有产业、户有项目、人有技能的初始目标。涌现出了食源菌业、振群合作社、福田合作社、泓元奶牛养殖场、仲燕日用品、菇太郎等一大批带动能力强、发展势头好的产业基地,为3500多户贫困户提供了稳定的增收渠道。

唐河还在全省首创粮仓扶贫新模式,利用贫困户小额贴息贷款,建成56座总库容50万吨的扶贫粮仓。在县农机产业园建设标准化厂房,贫困户以小额扶贫贷款入股获得产权,并获得租赁收益分红。全县新打造4个县级扶贫产业示范园,19个乡级扶贫产业示范基地,带动1万多户贫困户稳定增收。依托全国电子商务进农村示范县优势,建成乡镇电商服务中心19个、村级服务站338个,举办电商培训班12期,培训贫困户1200余人次,带动800余户贫困户增收。

产业兴旺,脱贫有望。遍地开花的产业扶贫基地让全县贫困户干在实

处，脚步铿锵。

正负激励有力量：公开设置三张榜，培育文明新风尚

"连荣，快看，你上了咱们村的红榜了！"城郊乡王庄村村民王云正指着墙上的"学树行做"（学先进，树正气，行善举，做出彩唐河人）光荣榜、善行义举榜、"志智双扶"红黑榜给邻居王连荣看。

王连荣是村里的贫困户，年轻时由于婚变受到打击，失去生活的信心，自暴自弃，不思进取，一天到晚一身酒气，见了领导不是发牢骚就是说怪话，让帮扶人和驻村工作队非常头疼。村里设置"三榜"后，王连荣不断看到村内群众获奖励，戴红花，自己却在黑榜名单里，逐渐怪话少了，人也变勤快了，不但勤于经营自己的小家，还一有空闲就做公益，就像变了一个人。

"红榜红彤彤，黑榜黑黢黢。上了红榜高兴，上了黑榜丢人。"王连荣颇为感慨。

脱贫攻坚以来，唐河充分发挥"三榜"正负激励作用。"学树行做"光荣榜以全县"学树行做"活动中的各类先进典型为推介对象，不限于本村的典型人和事，号召激励广大干群学先进，树正气，行善举，做出彩唐河人。善行义举榜对本村出现的好媳妇、好公婆、文明家庭及见义勇为、好人好事予以上榜公开，以旌表彰。"志智双扶"红黑榜对本村贫困户的表现予以上榜，表现好的上红榜，差者上黑榜。

"三榜"就像一面面"会说话"的墙，什么该提倡、什么该摒弃一目了然，在广大干部群众中一石激起千层浪。目前，全县各乡村已设置"三榜"达1000多块，公开公示3000多人次，其中入黑榜贫困户160多人次，激励效果明显。

注重小细节，培育新风尚。唐河制定了《唐河县文明行为十规范》，印

制 10 万份发放到贫困户手中，张贴到人流集中地和公共场所，倡导文明上网不造谣不信谣不传谣、婚丧嫁娶不大操大办、不参与非法宗教活动等，将培育践行社会主义核心价值观具体化、实像化，导向鲜明地引导贫困群众讲文明，守道德。

"给钱给物，能解一时之困；扶心扶志，扶知扶智，才能治懒治穷。越是在攻坚阶段，就越是要充分发挥'志智双扶'关键一招的作用。"副县长马俊宏感同身受，"我们在脱贫攻坚过程中探索创新'志智双扶'模式，前提是激励贫困群众立志气，核心是教育贫困群众卖力气，关键在于帮助贫困群众强底气，目的是确保贫困群众可持续脱贫有福气，最终为决战决胜脱贫攻坚战提供源源不断的精神动力！"

如今在唐河，一份坚定的脱贫愿望被触发，一份浓郁的扶贫情怀被唤醒，一股持久的致富动力被激活，"志智双扶"正掀起贫困群众逐梦圆梦的新高潮！

（原载于 2019 年 3 月 15 日《河南日报农村版》）

襄城：以创新担当破解脱贫攻坚难题

□ 宋广军　余俊豹　王丽飒

"开弓没有回头箭，扶贫工作再难也要做，困难再大也要干，只有迎着困难，硬着头皮往前冲，才能打赢脱贫攻坚战。"近日，在襄城县脱贫攻坚集中整改月活动周例会上，县委书记宁伯伟再次下了动员令。

这样的例会，自2019年6月11日脱贫攻坚集中整改月活动开始以来，雷打不动，每周召开。经过奋战，襄城县脱贫攻坚已进入全面总攻的冲刺期，在一系列机制的引领、推动下，扶贫一线成了锻炼干部的主战场，广大干部带动群众在脱贫攻坚战中愈战愈勇，取得了贫困对象动态管理明显精准、扶贫政策落实明显到位、贫困户生活条件明显改善、增收能力明显提高的良好成效。2018年，襄城县实现了最后一个贫困村脱贫退出，1556户3662人脱贫，在2019年3月份的省级脱贫攻坚工作验收中取得优异成绩。

询问会：帮扶干部从一知半解到对答如流

"18号张清奇，你说一下你分包的台王村的情况：有多少贫困户？脱贫了多少？还有多少没有脱贫？""26号井云峰，你说说这次整改活动月的六大任务是啥，你们工作是咋开展的？"这是2019年6月25日，在范湖乡脱贫攻坚询问会现场发生的一幕。宁伯伟寻根刨底的询问，让与会人员高度紧张。

2018年以来，为破解部分帮扶干部工作不扎实、紧迫感不强的难题，襄城县创新建立了询问机制，以乡镇为单位，每半月组织村脱贫攻坚责任组、党员代表、贫困户代表召开脱贫攻坚询问会，询问的内容涵盖脱贫攻坚应知应会知识和帮扶工作开展情况、分包户脱贫计划制订情况、享受的各项政策、帮扶措施落实情况，以及开展扶贫工作存在的问题和建议等。31名分包乡镇的县级领导干部采取集中抽查询问的形式推进脱贫攻坚询问会，并将询问结果作为干部考核评价的依据。

这每一场的询问，都是一次真刀真枪的考验，来不得半点虚假。"刚开始，都怕被提问，经过整改月的努力，我们进一步理清了问题，建立了台账，能解决的想办法解决，不能解决的及时报给了县里乡里。工作干好了，群众认可了，反而不怕问了！"面对询问，该县紫云镇副镇长周松涛充满了自信。

议贫会：由不知道咋干到群众说咋干就咋干

山头店镇上秦村、湛北乡七里店村、紫云镇雷洞村、麦岭镇李悦庄村……襄城县的428个村，每到月底前的星期二，都会举行一场由县级领导主持、贫困户提意见、扶贫干部解答、群众代表说了算的特殊大会——议贫会。因为贫困在何处，症结在哪里，因何而贫，怎么脱贫，群众最清楚。

为解决扶啥贫、咋扶贫、工作咋做、群众咋信的问题，该县探索建立议贫制度，组织村脱贫攻坚责任组成员、驻村第一书记、村"两委"干部、建档立卡贫困户、村组群众参加，村脱贫攻坚责任组成员用群众听得懂、接地气的语言，介绍贫困户情况，宣传扶贫政策，讨论帮扶措施，征求群众意见，解答群众疑惑，积极问计于民，让村干部、帮扶干部、群众代表一起出主意，想办法，定对策，把群众反映的难事办成看得见的实事。

"宁书记，俺家今年准备脱贫，国家的政策以后俺还能不能享受啊？"

"孙县长，能不能把俺家的厕所也改成水冲的啊？"

"干书记，恁要多开导开导俺村的温二孩，好吃懒做，见天不干活，真想熬成贫困户啊！"

....

议贫会上，乡亲们一个个问，领导们一个个答。通过"议贫"，向群众说清了党的扶贫政策、村里的帮扶措施、贫困户进出的标准，消除了群众的误解、不快，激发了贫困户的干劲、动力，打通了服务和联系群众"最后一公里"。

发展集体经济：由空壳空白村到美丽富裕村

一直以来，消除村集体经济"空壳村"就是农村工作中的难题，也是农村打赢脱贫攻坚硬仗的关键，深知这一问题的襄城县，创新"四动"工作法，不断探索产业扶贫新路子，一举破解了村集体无钱办事的困境，也为部分贫困户脱贫提供了保障。

襄城县紫云镇的雷洞村，因为抓住了乡村旅游的机遇，发展民宿，成了远近闻名的"明星村"。"以前哪会想到在家看看车、扫扫地、浇浇花就能挣钱呢，镇里说俺这是以老房入股，俺现在也是股东了！"民宿老石匠之家的房屋主人王黑孩自豪地说。

在襄城县，像雷洞村这样的"明星村"还有很多。湛北乡北姚村，通过开发首山旅游资源，举办油菜花节、樱桃采摘游等活动，2018年村民人均年收入达1.5万元；山头店上秦村，过去是贫困村、软弱涣散村、经济落后村，如今以村集体水、土地资源入股，与襄城县利锋房地产公司合作，投资400万元创办桶装纯净水公司，每年利润的10%归集体，村收入仅此一项达15万元。

这些村翻天覆地的变化，也都得益于襄城县发展壮大村集体经济取得的成绩。政策方面，该县出台了"1+5"配套文件，对村级集体经济的运营管理、财务管理、收益分配、干部补贴作出规定。资金方面，自从2018年到2020年，该县每年要拿出1000万元财政资金，金融部门每年新增5000万元专项贷款，扶持奖励村级集体经济。通过探索实践，针对不同村（社区），形成了资源开发型、资产经营型、旅游生态型、电子商务型、特色产业型等10种村级集体经济发展模式，为发展壮大村级集体经济提供了有效途径。同时，每月举办"产业扶贫＋集体经济"观摩，县委、县政府主要领导带队对各乡镇集体经济发展情况进行实地查看，抓实贫困户和村集体经济的利益联结，带动贫困户就业2108人。

2018年以来，全县建成村级光伏电站35座、扶贫车间38个、带贫企业87个，培育扶贫基地129家；280个村成立集体经济公司，106个村集体经济收入达5万元以上，326个村消除集体经济空白，"空壳村"由原来的81%下降到38%，实现了村级集体经济"百花齐放"。

接老人回家：由独居之苦到尽享天伦之乐

2019年6月份以来，该县在全县范围内开展脱贫攻坚集中整改月活动，在对整改月过程中发现的疑难问题进行集中研判时发现，在一些村庄的村头、坑塘边还是能见到一些破旧危房，里面居住着年迈的老人。他们绝大部分有儿有女，有些老人是不想给子女添麻烦选择单独居住，而有些则是因子女不赡养被迫独居生活。

为解决老人独居问题，实现特困群体老有所养，老有所依，老有所乐，助力脱贫攻坚，该县自上而下开展接老人回家及居村联养活动，充分发挥乡镇党委、村党支部、驻村工作队、驻村第一书记在脱贫攻坚中的战斗堡垒作用，集中力量做好宣传发动和说服解释工作，动员党员、党员亲属、独居老人直系亲属等带头接亲人回家居住。

2019年7月2日，在襄城县接老人回家及居村联养活动的启动仪式上，湛北乡七里店村，姜庄乡来坡村、靳庄村、紫云镇孟沟村、马赵村，74岁的王红英、80岁的张土山、84岁的赵坤辽、89岁的任品等84位老人与子女们紧抱在一起，随着子女叫的一声爹妈，老人们禁不住热泪盈眶。

在乡镇干部的陪同下，在子女亲属的搀扶下，老人们告别了独居，回归了家庭，融入了亲情。"以前我自己住，主要是不想给孩子们添麻烦，现在县里开展这个活动，孩子们主动接我回去，我也愿意和他们一起生活，毕竟有家人在的地方才是家啊。"张土山老人在随儿子回家时脸上一直挂着笑。

探索兜底新模式：由难兜难养到应兜尽养

"老王，该你出牌了！"在湛北乡山前古庄村，15名分散特困老人正围成一圈打牌、下棋。他们旁边，是投资20余万元改造的可容纳20人的居村联养点。这是该县开创兜底扶贫新模式的一个缩影。

据了解，在该县建档立卡贫困户中，无生产能力、无自理能力、无自主脱贫能力的"三无"人员有3200人，其中1488人有亲属照顾，1670人无亲属照顾，42人患有精神疾病。在脱贫攻坚过程中，这些无人照顾的农村特困老人如何养老？患有精神疾病的群众怎么照顾、治疗？这是一项亟须破解的难题。为解决这些人的兜底问题，襄城县坚持把工作往深里做，往实里做，探索出三种模式，用创新担当保障贫困群众真脱贫，稳脱贫。

协议赡养式兜底保障：对有亲属或近亲属照顾的，村委会负责与其亲属或近亲属签订监管赡养协议，居家兜底。

集中供养式兜底保障：对乡镇敬老院进行扩容、新建或改造居村联养点，对兜底对象进行集中供养。经改建，全县建设70个居村联养点，每个点不低于30张床位；14个敬老院新增床位1000个，配齐了健身器材、娱乐室、活动室等配套设施。

特殊助养式兜底保障：对原县医院旧址改造提升，建设精神病专科医院，对患有精神疾病且有暴力倾向的贫困人口，进行收治收养，病人康复后再按照前两种模式兜底保障。

2019年以来，该县已有356名贫困户与亲属签订了监管护理协议，实现居家兜底；1670名无亲属照顾贫困户，已有202名到乡镇敬老院集中供养，108人实现居村联养；42名精神病人家属已与县精神病专科医院签订定向医养协议，实现集中入院治疗。

"选准了路，就不怕路远。襄城县党员干部将牢记使命，众志成城，坚决打赢脱贫攻坚战，交上合格的答卷。"宁伯伟坚定地说。

（原载于2019年7月31日《河南日报农村版》）

安阳县"点餐培训"

□ 邓红刚　牛学亮　秦名芳

"这是我新采购的流动食品车，主要卖些风味小吃，每天都有固定收入，养家糊口是不发愁了。特别感谢政府部门提供的免费技能培训，使我有了谋生的手艺。"2019年9月10日，安阳县瓦店乡大寒屯村贫困户郭砚东说，他先后两次参加县扶贫技能培训班，通过培训，他做起了风味小吃生意，有了稳定的收入。

2018年以来，安阳县按照"农民点餐，政府下单，学校主厨"的模式，以贫困劳动力从事什么样的工作就培训什么样的专业为出发点，广泛开展了百场培训进乡村活动，确保贫困群众学有所得，学有所获，学有所成。该县坚持以贫困劳动力技能培训、就业援助和企业职工技能提升三个全覆盖为抓手，建成了全县公共实训基地，在农村设培训点30余个，先后对1000余名贫困劳动力开展家政培训，结业后把他们安置到保洁、保安等公益性岗位。

同时，该县还主动为企业员工提供技能培训，参训人员规模达到30人以上的，到企业指定地点开班培训，颁发结业证书，不收任何费用；对人员较少不够30人的，整合所有企业参训人员，统一进行培训，为提高工人技能牵线搭桥。针对接受过培训的群众，安阳县通过劳务输出一批、经济实体吸纳一批、灵活就业一批、自主创业一批、公益性托底安置一批的路径，推动实现就业率100%，全县涌现出一大批自主创业者，有的不仅实现自己脱贫致富，而且带动周边群众就业增收。截至目前，全县 2473 名有劳动能力的建档立卡贫困人口全部实现就业。

"脱贫攻坚工作开展以来，安阳县整合资源，提出了让百场培训进乡村、让技能培训覆盖全县贫困劳动力等工作思路，针对群众需求，将各项实用技术送到家门口，让贫困群众实现充分就业，不断改善其生产生活条件，切实提升他们的幸福感、满意度。"安阳县委副书记、县长王红兵说。

（原载于 2019 年 9 月 12 日《河南日报农村版》）

花椒山上花椒香

□ 宋朝　刘景华　赵博　李梦露　代珍珍　王旭　宋习习

上窑头、下窑头、上小安、下小安、左家后，还有陈家山、刘家山、李家山！单单看这个地名，就知道这是个不平坦的地方。

这些自然村组成了一个行政村，行政村的名字叫小安村；小安村隶属于高庙乡，高庙乡归湖滨区管，湖滨区是三门峡市的一个区。

小安村在三门峡市区东 12 公里的地方，近 10 平方公里的村域内全是海拔六七百米的秦岭余脉高庙山，高庙山里有好多好多山头，关山挨着老虎山，老虎山靠着大山顶。

"对了，俺这里还有个自然村叫王家泉。但是，别说这里没有泉了，打井都打不出水来。"小安村党支部书记曹永勤说。

对面是山西省，眼前是黄河，眼看着黄河水流淌，但整个高庙乡却严重缺水。

2019 年 7 月 10 日上午，雨过天晴，蓝天白云下，小安村曲曲弯弯、层层叠叠的梯田里，紫红色的花椒精神百倍，微风一吹，飒飒作响，有点像网络上的高山"抖音"。

"小安村，高庙乡，乃至相邻的周边乡镇，通过多年探索，找到了一个最适合本地的产业项目。在这梯田的花椒丛中，我们走出了一条乡村振兴的路子！"高庙乡党委书记高苏星说。

因地制宜探索花椒种植

小安村历史上是个"有矿"的村。

"我们这里的山是石山，土层不厚，山下面都是五彩石和姜石。"曹永勤说，历史上小安村挖矿的很多，有挖煤的、挖石膏的、挖硅石的，还有挖青石的，这个地方还不算穷。山上的药材也有好多种，柴胡、连翘等都比较多，当然还有一些野果子。

小安村的山涧沟畔也有野生的花椒，面积不大，也不集中，这长一棵，那长一棵，乡亲们也就捋点叶、掐点芽、拽点果子佐餐或者当调料。

十几年前，上级从林业局给高庙乡派来了一个党委书记，这个书记懂林业，根据高庙乡的区域特点，在当地推广种植花椒，慢慢地，花椒种植面积就上来了。

"现在小安村的花椒种植面积有近2000亩，整个高庙乡的种植面积有1.8万亩。高庙乡花椒品种多，品质好，规模大，既是一道风景，又是农民的增收点，还是乡村振兴的抓手，因地制宜走乡村振兴之路，在豫西地区也算很有个性的了！"高苏星说。

小安村花椒种植带头人

从小安村村委向南山上爬好久好久，便到了海拔将近600米的李家山。这个自然村里的户籍人口有七八十人，现在的常住人口只有两人了。

人少了但村里的田并没有荒芜，梯田里"寸草不生"，成行的花椒树怡然自得。

"我本来叫李小旦，是元旦的旦，后来不知道咋弄的，身份证上变成鸡蛋的蛋了，我是湖滨区的人大代表，去区里开会，登记的名字就是李小蛋。"李小蛋今年67岁，家里种了11亩花椒，是小安村花椒种植的"祖师爷"，老婆子在三门峡市里照看孙子、孙女,他白天上山,晚上下山,典型的城乡"两栖"农民。

"我是最早在山上种花椒的,十多年了吧!"李小蛋说,当时种花椒中不中大家都不知道,他就想,反正山上缺水,种啥啥不长,正好上级免费给花椒苗,他就把自家的地种上了花椒。

李小蛋的花椒树活了,之后,花椒树在小安村火了,在高庙乡火了;什么老虎山、关山、大山顶,有名和无名的山头梯田上都种上了花椒树,这里的山变成了名副其实的花椒山,花椒成熟的季节,漫山遍野麻香麻香。

从五五分成到三七分成

农民式智慧的表现,有时就像天上突然掉下个肉包子一样出其不意。

一斤鲜花椒大约是5000粒,目前还不能机械化收获,尽管可以一串一串摘,但摘收期间还是需要大量劳动力的。

"我种的花椒树三年结果,第四年第五年就能有好收成了。收成有了,但摘下来换成钱还是很费功夫的。"李小蛋说,当年自家人忙不过来,他便开始找帮工,每年七八月份,附近给他摘花椒的雇工有20来人。

怎么给雇工付报酬呢?李小蛋有招儿。最早的五五分。当天雇工如果摘了30斤花椒,李小蛋留下15斤,另外的15斤归雇工所有,抵工钱。一般说来,手快的一天能摘40来斤花椒,即便手拙脚笨的,一天也能摘30来斤。

后来花椒种植的面积大了,收获季节外乡人也来采摘,这种付酬方式保留下来了,但比例变成了三七分:主家得七,雇工得三。

四斤鲜花椒能晒出1斤干花椒,2018年鲜花椒卖到10元一斤,干花椒的收购价1斤超过了40元,不种花椒只摘花椒的雇工1天至少也挣100多元。

这种原始的以物抵酬模式,几乎启发了所有摘花椒的雇工:这么小小的不起眼的东西，还真是超值！

热情决定行动，结果就像一滴红墨水滴到了一盆清水中，小安村的梯田里种满了花椒树，高庙乡其他村组的梯田里也种上了花椒树，崤山变成了花椒山。

现在的李小蛋说话已经很有高度了，常挂在嘴边的一个词是"带动"。

蔓延成了支柱产业

政府引导，群众欢迎；产业对路，增收明显。

崤山腹地的花椒树一年比一年多，一年比一年大，蔓延成了当地乡村振兴的一个支柱产业。

高庙乡党政办主任张延峰说："现在在高庙乡的许多村，如果家里没几亩花椒树，感觉就有点跟不上形势，好没脸面的！"

陈家山自然村78岁的老先生陈小刚，老伴有病卧床，自己身体也不好，老两口没有和子女去三门峡市里住，生怕百年以后回不到老屋。就这样的年龄、这样的身体、这样的家庭，陈小刚还种了4亩花椒。他说，劳动量不大，关键时候子女都会回来帮忙。

比陈小刚小3岁的陈铁蛋膝下有二男五女，他身体不错，家里的4亩花椒树基本不用子女帮忙，他和老婆很轻松就拾掇了。

左家后自然村的左森，86岁了，算上子女、孙辈、重孙，一家都40多口子人了，有在政府上班的，有当企业老板的，后代人都很有出息。即便如此，早该享清福的左森和他爱人还在老家种了好几亩花椒树。

2019年7月10日下午6点半，见家里来了客人，左森来了精神，马上从柜子里拿出来烟招待客人：半条细支南京，一整条苏烟（四百多块钱一条），挺奢侈。

小安村总共有3295亩耕地，除了原来退耕还林的土地外，已经有1800

多亩耕地种上了花椒树，尤其是海拔高的土地，几乎全是花椒树。曹永勤说：村民们还要种一些花椒树，村里计划把荒山和地边都种上花椒树。

高苏星说，整个高庙乡现在有盛果期的花椒 1.8 万亩了，有早熟、晚熟品种四五个，已经成了河南的花椒重要产区。

有种价格保护来自合作社

这几年花椒行情不错，价格也行。

李小蛋说，他从 2003 年开始种花椒，刚开始干花椒几块钱 1 斤，2009 年到了每斤 12 元，2012 年每斤 15 元，2017 年每斤涨到了 40 元，2018 年又涨了，最好的花椒每斤能卖 46 元。

当然品种不同价格也有区别，但基本上差距不是很大。

小安村的花椒亩产量在 150 斤到 200 斤，按最低标准算，1 亩地收入三四千元是没有什么问题的。

79 岁的陈平安是个种庄稼的老把式，家里种了两亩花椒，采摘的时候也不用雇工，2018 年光他的两亩花椒就卖了 1 万多元。陈平安说："北京和海南我都去过了，下一步还想出国看看，准备再给自己打个金镯子。"问陈平安有多少钱，他说大部分钱都给后辈子孙们了，现在手里还有 8 万块呢。

每年七到九月份，会有好多的花椒收购商来小安村收购花椒。曹永勤说："价格不是什么问题，收购商是压不下来价格的。"

几年前小安村党支部联合 380 多户椒农注册成立了小安村关山花椒种植农业专业合作社，每年合作社都密切关注花椒行情，一到收购季节，合作社就挂出了收购价。外地客商来了，想收到好花椒，只能比合作社的收购价格高。

"我们合作社的作用是不是有点像国家的托市收购呀？"曹永勤说。

2018 年，小安村人均纯收入 7600 元，

绝不会小富即安

小安村人均土地多，荒山荒坡面积大，花椒种植还有更大的空间可以利用。

"原来退耕还林的一部分土地，林木已经成才了，村里计划申请采伐后种植花椒树；还有一些耕地，除了留下一些零星种菜的，村民们也要种上花椒树；另外我们要开辟荒山荒坡，凡是有一坑土的地方，都要种上一棵花椒树！"曹永勤说，小安村绝不会小富即安。

总面积60平方公里的高庙乡有"七山十沟"，平均海拔566米，海拔最高点为900多米，而人口总数仅仅为1.2万人。

"靠着黄河缺水不说，年降雨量才有500多毫米，这样的条件，找一个脱贫致富奔小康的产业确实不容易。经过多年的努力，我们找到了花椒种植这个突破口、增收点，这个产业应该说是最适合高庙乡实际的产业，是一个政策支持、政府扶持、群众拥护、增收有把握的产业，我们一定要把这个产业做大做强，做成一个依托产业振兴乡村的范本。"高苏星说。

花椒山上花椒香，愿小安村在致富的路上有大作为，愿高庙乡在乡村振兴的探索实践中有新担当。

（原载于2019年7月19日《河南日报农村版》）

裴寨村的三个夜晚

□ 马丙宇

2019年7月16日下午4点多，辉县市张村乡裴寨村党支部书记裴春亮站在卧羊山上的田心池旁边，指着西北的太行山深山说，田心池的水就是从100公里外引来的。

下午6点钟，在围村的绿化带上，村民们正在用水管浇着绿草红花，而正修整的草坪上，自动喷灌系统已安装完毕。在裴寨村1排1号，家里的女主人马小青在厨房打开自来水，接了一锅水准备熬小米粥。

这些平凡再不能平凡的用水片段，如果放在14年前，却是裴寨人心中的痛，祖祖辈辈盼水，可祖祖辈辈没水，裴寨人排辈分全部与水有关，流传最广的歌谣全部来自对水的渴望。自从裴寨人把裴春亮推选成当家人，他个人出资2.1亿元带着乡亲们建新村，打深井，垒田心池，修水库，育产业，让裴寨村成了乡村振兴的排头兵。

党员裴龙德说："现在家里都有用不完的水，看着现在的幸福日子，哪个裴寨人都不会忘记以前的难和苦。"

1975年6月初的一天凌晨两点

"快收麦了，俺寻思着早点去老井挑点水，天亮了不耽误割麦。"2019年60多岁的村民裴龙爱回忆说，"1975年6月初的一天凌晨两点，俺就起床了,挑起水桶还没到井旁,就看见前面排了四五个人了,大家都是一个村的,就一边等水一边聊着家长里短。"

裴寨村有一口先人留下的水井,全村人靠这口井吃水,一年到头都是排队挑水。村民们互相串门,饥了给馍吃,但渴了不会让你喝水;家家户户都有水窖,出门不用锁门,但一定会锁好水窖。

裴龙爱说,麦口是全年最旱的时候,水桶下去一次只能打几碗水,打一桶水至少得六七次,中间还得等等,不然井底也没水了。

1个小时后,终于轮到裴龙爱了。他说,水桶上上下下七八次才把另一个水桶装了八分满,当时想着再打一次水,把水桶装满再走,可后面的裴清利不干了。

"差不多就得了,后面还有人等着呢!"裴清利一脸不耐烦地嘟囔着。

"按辈分,他比我大一辈,可当时俺才20多岁,血气方刚,谁受得了他的气。"裴龙爱一下急了,"咋了,我就要再打一次,你能咋?"

"我能咋?我就不让你再打了,轮到我了。"裴清利的脸上也挂不住了。说着,两个人交上手了,乡亲们赶紧上去把他俩拉开了。

直到今天,两人对这个事还记得很清楚,裴龙爱说:"为了一口水,俺爷俩动了手,都是没水闹的。"

2013年12月14日凌晨两点

"2013年12月14日凌晨两点,我再睡不着了,随手披了一件大衣来到了水库边,听着'哗哗'的水流声,感觉比听啥音乐都得劲。"裴春亮对那天的事记得很牢。

2013年12月13日,裴春亮利用村北800米处的天然深沟,建成了库容80万立方米的水库。看着100公里外的水流到了水库里,裴寨人再也按捺不住心里的喜悦:群众像过年一样,男女老少都来看稀罕,有的买来了鞭炮，噼里啪啦地放了起来，有的挎上腰鼓，又蹦又跳敲了起来。

"站在水库边，想想这几年找水的不易，也是感慨万千。"裴春亮说，"当时我第一想到的就是病倒在引水工地上的老党员裴清信，70多岁的他和年轻人一样抬石头，运水泥，晚上加班加点算成本，核账目，有段时间看他老是上不来气，出虚汗，就想让他休息一下，他却说，这个年纪，谁会没个毛病，都去医院了，水啥时候能引来，结果他没等水引来就因病去世了。"

自从裴春亮当了村党部书记，他就开始在水上做文章：打出500多米的深井，解决了群众的吃水难，修了田心池，解决了群众的用水难，建起了水库，解决了群众的发展难。

"想着群众再也不作水的难，我就是作多大难都不算难。"裴春亮边转边想，看到天发白，他才回了家。

2019年7月6日凌晨两点

"电闸一推，水就流到了大棚里，浇葡萄树很轻松，人在大棚里看着别浇多了就行了。"2019年7月6日凌晨两点，村民裴龙曦对记者说，他在裴寨村高效农业示范园承包了6个大棚，两个大棚种植了桃树，另外的4个大棚种了夏黑葡萄。

"这几天正是葡萄需要浇水的时候，浇一个大棚得两个多小时，4个大棚浇完就到凌晨两点多了，虽然不出力，但却占时间。"裴龙曦笑着说，"到了夜里10点多，俺媳妇还给俺送来了两瓶啤酒、一个凉菜，咱是喝着啤酒浇地，这在以前可真是做梦啊。"

裴龙曦说，抽水泵装在水库里，地埋管直接通到各个大棚里，用水的时候，只需要到水库旁的电闸处，推上电闸就行了，方便得很。

"示范园有100多大棚，要是没有水，别说大棚蔬菜了，就是大棚果树也没法活。2019年葡萄行情好，现在一斤能卖8块钱，一个大棚挣两三万元不成问题。"裴龙曦算了一笔账。

如今,裴寨的产业围水而上,养锦鲤、种鲜花一个比一个挣钱。裴春亮说:"以前因水而穷,现在因水而富。"

(原载于 2019 年 7 月 22 日《河南日报农村版》)

汝州市朱沟村：省级贫困村的脱贫解困之路

□ 丁需学　桂焱炜　庄耀东

穿村而过的 207 国道下边，一条依山势而修的山村道路如缎带一般串起一个个自然村，村中干净整洁；道路旁边修建的一座座生态小游园里，老人们坐在长凳上聊天；村子一侧，为贫困户建设的两栋 5 层 30 套楼房主体工程已经完工，工人们正在进行内外粉刷；距此不远处的半山腰上，一块块太阳能板在阳光下熠熠生辉，占地 15 亩装机容量 0.385 兆瓦的光伏发电站已并网发电……

这里就是省级贫困村汝州市陵头镇朱沟村。

从环境污染大村到市级人居环境整治 3 星村、文明村创建 3 星村、基层党建创建 3 星村，朱沟村走过了怎样的一条新生之路？从省级贫困村到美丽乡村建设示范村，朱沟村靠什么提升起发展的精气神？

牺牲环境求发展，朱沟村成省定贫困村

朱沟村位于汝州市区北 15 公里处的山区，480 户 1975 人，其中贫困户 64 户 268 人，1600 亩耕地中除 300 亩水浇地外，其余全是靠天收的山岭薄地。

20 世纪八九十年代和 21 世纪初，不甘过穷日子的朱沟人将目光瞄上了村域内丰富的石灰石资源，纷纷建设石灰窑场、石料场。最多时，朱沟村境内有石灰窑场 14 个、石料场 8 个、小三轮运输车辆 100 多辆。

大量的无序开采和加工，带来的是山体的开膛破肚、千疮百孔，空气中从早到晚弥漫着灰尘、烟雾和难闻的气味，青山没有了，小河沟里的水也断了流。

"当时不少群众有怨言，对环境不满意，要求取缔石灰窑场、石料场的呼声很高。"朱沟村党支部书记王国正说。

2006年，随着国家对环境保护的日益重视，在汝州，凡没有安装环保装置、取得生产许可证的大量石灰窑场、石料场被强行取缔。

朱沟村沉寂了。以牺牲环境求发展的代价是让朱沟村成了省定贫困村。

农村人居环境整治调动起村民建设美好家园的精气神

2014年3月，朱沟村迎来了发展的第二春。

"一个山区的贫困村，没地，村里又没有集体收入，要发展真是难上加难。好在当时汝州市委、市政府做出了加强农村人居环境整治、加大奖补力度、项目向贫困村倾斜的决策，一下子调动起朱沟村村民建设美好家园的精神气。"王国正说。

朱沟村村民对脏乱环境早已不满意，村"两委"在群众大会上一动员，立即激发起了村民建设美好家园的决心和信心。此后半个多月里，村"两委"每天组织党员、群众近百人，出动两台铲车、1台挖掘机和多辆运输车，清理道路两旁、边沟垃圾、杂物500多吨。

其后，村"两委"干部、党员又带领群众栽植绿化树，建生态小游园……几个月后，朱沟村如涅槃重生。

2014年7月，村"两委"换届选举，朱沟村"两委"干部全部全票当选。

几年来，在政策支持和省信访局等单位的帮扶下，朱沟村的发展驶上了快车道。整修4米宽的山村道路2337米，安装太阳能路灯100盏，户户门前通上了水泥路；针对缺水问题，投资140多万元，为6个村新打安全饮水井6眼；投资200余万元建成了寄宿式村小学，投资70多万元建成了两层1018平方米的融便民服务、党建、扶贫、警务、民调、综治、文体等为一体的村办公楼。同时，还建成了村卫生所、文化演出大舞台、广场、超市、网购平台等。

2017年9月，朱沟村又启动了扶贫安置小区建设，截至2018年3月16日，两栋5层30套楼房主体工程已完工，正在进行着内外粉刷。

"为改善贫困户的生产、生活条件，2016年和2017年，全村已先后有21户97名家有劳动力的贫困户易地搬迁到市产业集聚区和市机绣产业园安置点生活，并实现就业。"王国正说，村扶贫安置小区2018年4月中下旬即可达到搬迁条件。

村庄脱贫，靠的是一帮谋划发展的带头人

群众能否富，关键靠项目。村庄脱贫，靠的是一帮谋划发展的带头人。"经过几年的努力，朱沟村的基础设施建设已基本告一段落，接着就是着重谋划朱沟村致富奔小康的事。"王国正说，村里引进了总投资800余万元的型煤生产、配送中心，这是汝州市三个经过审批的型煤生产厂之一，安排20多名村民就业，其中贫困户6名，人均月工资2000元以上。

投资300余万元、装机容量0.385兆瓦的分布式光伏发电站也已于2017年底建成发电，每年可为朱沟村集体带来十多万元的收益。2016年投资建设的500亩优质花椒生产基地今年就可挂果……

"朱沟村紧邻207国道，又有丰富的石灰石资源，这为朱沟村的脱贫、发展提供了广阔的天地。"省信访局驻朱沟村第一书记王红军说。

目前，朱沟村已引进隆基矿业有限公司和河南日昇昌矿业公司两个投资上亿元项目。其有关手续已审批完毕，即将开工建设，项目建成后可安排300多名村民就业。

"好日子是自己干出来的。这两个项目建成后,加上原有的项目,朱沟村将实现由'输血'到'造血'的转变。"王红军说。

(原载于 2018 年 3 月 16 日《河南日报农村版》)

刘庄的脱贫故事

□ 黄华　邹玉泉

2019年1月28日,农历小年。家住新蔡县月亮湾街道刘庄村的脱贫户鲁美晨坐上了村里的招工车,前往县城的招工现场去找工作。

鲁美晨刚从广东省广州市白云区回家没两天。她的父亲鲁来朝,是县里评选出的脱贫模范。"我父亲这几年为这个家付出了很多。父亲年龄也大了,我就想在家门口找份满意的工作,既能挣钱又能照顾这个家。"

"贫困户脱贫后,着力激发他们的内生动力,夯实稳定脱贫基础,是村里所做的工作重点。"刘庄村党支部书记刘森说,"留下来,动起来,引回来,美起来,村里也想方设法把防止返贫作为一项系统工程统筹谋划,在奔小康的道路上坚决不落下一人。"

留下来

这次新蔡县几十家企业招工,刘庄村和鲁美晨同去的15人全部找到了自己喜欢的工作岗位。

把回家过年的人留下来,是刘庄村每年都要开展的工作。

今年46岁的王海中,于2015年脱贫。先前,他带着儿子在广州收破烂。陈立学到刘庄村担任第一书记后,得知王海中的儿子在广州上学也不易,利用他回家过年的时机,动员他节后在家门口上班,孩子也能安心读书。

王海中被留在了家乡，每天早晨，他骑着电动车去离家 1 公里远的华英禽业有限公司上班。"华英，是世界的鸭肉品牌，公司也很有实力，在这里干活我能甩开膀子。要是每月满勤，工资可拿到 4000 元；要不是满勤，每月工资 3500 元。毫不夸张地说，一年 12 个月，我有 11 个月拿到 4000 元。"

由于王海中勤劳能干，对自己工作要求也高，在家门口的公司上班可以说是名利双收。2018 年，他被车间评为质量之星，被公司评为先进个人。

动起来

"我也知道天天闲着舒服，天天坐那看蚂蚁上树得劲，但谁不向往幸福的生活？一辈子长着呢，自己要学会自力更生，绝不能一直躺在政府怀里，就是自己的亲爹亲娘也不可能管你一辈子。"

说这话的人，是刘庄村脱贫户郑前进。农历腊月二十二那天，只见郑前进买来大红漆，把家门全部刷了一遍。他的妻子原亲妮忙着杀鸡，他的父亲忙着择菜，一家人都在为过春节而忙碌着。

这是乡村的一户寻常人家，若不是看到郑前进家墙壁上张贴的扶贫帮扶联系卡，根本看不出来他家原来是贫困户。经过国家扶贫政策的落实和自己的奋斗，郑前进 2017 年实现了脱贫。在郑前进家里，冰箱、洗衣机、空调、电视等一应俱全。他正愁着脱贫后准备再干点啥时，月亮湾街道办事处副书记、帮扶责任人毛华磊又帮他家贷款 3 万元，购买了一辆小货车跑运输。

陈强是刘庄村 2015 年脱贫户。原先，他在南方的一家钢架结构公司务工。驻村工作队得知他会厨艺，就引导他小额信贷两万元，买来一辆流动餐车。现在的陈强，每天早晨 6 点多就进城买菜，在城郊卖小吃，一天纯收入 200 多元。

引回来

脱贫后,刘庄村想方设法把"能人"引回来,把厂建起来,引导、服务群众就业,让群众足不出村就能有活干,有收入,这是刘庄村夯实稳定脱贫基础的重要之举。

余磊磊,在杭州务工多年,现创办了一家金融公司,主营业务是给上市企业提供服务。余磊磊小时候家里很穷,曾在刘森家里吃住28天。就是这段不寻常的人生经历,让他懂得了感恩。当刘森打电话向他叙说刘庄的发展方向后,余磊磊很快就与宁波合力模具科技股份有限公司达成合作协议,回到家乡创办合力凯兴科技有限公司,总投资5亿元,主要生产滑雪板和汽车配件、体育用品等。

奥田家居是2017年新蔡县重点招商引资项目,也要落户刘庄村。刘庄驻村工作队更是倾尽心血,协助项目快速落地投产。再热不过三伏天,驻村工作队在田间苦苦奋战3天,丈量113户373亩地,又调来8辆卡车,对地面进行清理。陈立学,是从县产业集聚区下派到刘庄村的第一书记,他充分利用"娘家"的优势,为招商企业代办一切手续。刘庄驻村工作队的所作所为,让奥田家居的老板看在眼里,记在心里,随后他又招来奥田二期、奥田制冷、奥田机电、奥田置业等企业落户新蔡,企业用工700多人,仅刘庄村在厂里务工的贫困人口就有30多人。

美起来

贫困户刘文俊说,若不是征地拆迁,他做梦也不会想到,自己会住上楼房,而且还是月亮湾公园湖畔的湖景房。

刘庄村地处城郊,担负着一定的征地拆迁任务。县里修路需征地,刘文俊的家正好被拆迁。住在120多平方米的楼房内,看着公园的美景,刘文俊的心里甜蜜蜜的。兴奋之余，他写了首打油诗夸赞驻村干部："刘庄村委大改变，华英奥田村里建。农民致富有改变，干部功劳在前面。"

自从搬进了新楼房，刘文俊还被鸿藤信嘉物业聘请为保安，一月可收入1500元。他的儿子刘进峰被驻村工作队推荐到驻马店市的刘杨酒楼就业，年收入近3万元。

对于因征地拆迁住进安置房的群众，刘庄村党支部在他们当中开展了"如今群众住楼房，楼房里不能没爹娘"的孝亲教育，争当好媳妇、好婆婆的文明风尚在刘庄村已蔚然成风。

对于没有在安置区居住的群众，刘庄村又投资30多万元，对每个村庄进行绿化、美化、亮化，一个个美丽的村庄呈现在人们面前。

脱贫户熊思中看着村庄变得越来越美，他就在自家房后种植了9亩葡萄，有夏黑、金手指、巨玫瑰等优良品种。指着已被剪枝后的葡萄树，熊思中说："别看园子不大，挣钱可不少，一年能收入10万元，脱贫后的生活比蜜甜。"

（原载于2019年1月31日《河南日报农村版》）